Alfred Kerr
New York und London

New York und London

Alfred Kerr

Berlin und New York, 2021

Alfred Kerr
New York und London
Eine Reise nach dem Weltkrieg

Herausgegeben von Eva C. Schweitzer

© 2021 Berlinica Publishing UG
Gaudystraße 7, 10437 Berlin
ISBN: 978-3-96026-049-3

Titelfoto: Berenice Abbott
Fotos Seite 16 (Berenice Abbott), 90 (Alamy), 138 (Lamar Graham)
Foto Kerr: Interfoto

Gedruckt in der EU

www.berlinica.com

Dieser Text von Alfred Kerr ist erstmals 1923 im Verlag S. Fischer
in Berlin erschienen. Wir haben die Rechtschreibung behutsam an
moderne Lesegewohnheiten angepasst, insbesondere die von englischen Begriffen, sowie einige Vornamen ergänzt, Zahlen ausgeschrie-
ben sowie — wo es nötig schien — kurze Erläuterungen in kursiv
und in Klammern hinzugefügt. Der Text wurde in drei Teile geteilt;
New York, England und Schottland. Als Vorwort haben wir einen
zeitgenössischen Artikel aus der *New York Times* über Kerrs Reise aus-
gewählt; das Copyright für die Übersetzung liegt bei Berlinica.

Für Julia und Michael

Inhalt

DEUTSCHLANDS NICHT-KOMMERZIELLER REISENDER

Kerrs Buch erschien nach einer Amerika- und Englandreise des bekannten deutschen Theaterkritikers nach dem Ersten Weltkrieg, und zwar erstmals im S. Fischer-Verlag in Berlin unter dem Titel *Newyork und London: Stätten des Geschicks.* Hier ist die (namentlich nicht gezeichnete) Kritik aus der *New York Times* vom 20. Mai 1923

Wir sind so sehr daran gewöhnt, dass unsere amerikanische Kultur von europäischen Besuchern verunglimpft wird, dass wir eine Freude empfinden, die nicht von Böswilligkeit getrübt ist, wenn Alfred Kerr ein Loblied auf unser Land singt. Dieser kultivierteste aller Kritiker und Essayisten des heutigen Deutschlands, dieser Mann, der überall war und der alles gesehen hat, bekennt sich zu einer Leidenschaft für die Neue Welt. Sie hat ihn 1914, bei seinem ersten Besuch in New York, im Sturm erobert; 1922 lodern die Flammen seiner Begeisterung, genährt durch den Kontrast zwischen dem Reichtum Amerikas und der Armut seines Landes, noch höher. In seinem Buch *New York und London* gibt er seinen Lesern wieder, was er hier vorgefunden hat: »Aufwühlendes Glück — und Nahrung zum Nachdenken«.

Anders als die meisten ausländischen Intellektuellen fühlt sich Kerr in der lauten Hektik von New York City zu Hause. Er findet Ruhe zwischen donnernden Expresszügen, er sieht eine neue Schönheit und die Erfüllung eines fernen Traums der Gleichberechtigung der Rassen im elektrischen Tag des nächtlichen Broadways. Das Hotel fasziniert ihn mit seinen tausend-und-einer mechanischen Vorrichtung und mit der Effizienz seines Service. Hier gibt es Klarheit, Weitsichtigkeit — »ein Fest für den Künstler und den Denker«.

Besonders interessant ist Kerrs Meinung über unsere Theater, denn er hat den Ruf, der schärfste und strengste Theaterkritiker Deutschlands zu sein. Er ist begeistert:

> »Das New Yorker Theater ist auf dem Vormarsch. Es ist ein Irrtum des Durchschnittseuropäers zu glauben, dass hier minderwertige Sensationslust, Klamauk und melodramatische Spannung vorherrschen. Wer das glaubt, ist blind. New York ist ein europäisches Theaterzentrum - auch wenn es natürlich noch nicht voll entwickelt ist.«

Amerikanische Inszenierungen, insbesondere die von (Eugene) O'Neills *The Hairy Ape* und von (George Bernard) Shaws *Back to Methuselah*, findet Kerr erstklassig. Er ist eingenommen von der Bewegung, die von der Theatre Guild und den Provincetown Players repräsentiert wird; solche Gruppen verkörperten das Versprechen einer glänzenden Zukunft für die amerikanische Bühne. Er freut sich besonders über Shaws Erfolg in New York, zumal die Londoner Bühne für ihn keinen Platz zu finden vermag.

Kerr weist auch den gängigen Vorwurf zurück, Amerika sei ein Land, das allenfalls über Zivilisation verfüge, aber ohne Kultur und Seele sei. Unsere Kultur mag noch kein fertiges Produkt sein, aber sie ist eine Kultur — gekennzeichnet durch Kürze, klare Definition und die Vision mechanischer Perfektion, meint er. Wir seien noch Kinder, aber wir seien »entschlossen, voll jugendlichen Selbstbewusstseins, konsequent — großartig«.

Die zweite Hälfte des Buches ist Großbritannien gewidmet. Kerr ist beeindruckt von dem Kontrast zwischen den beiden angelsächsischen Welten:

> »Nach einem glorreich hemmungslosen Land nun das berechnendste... New York ist voller Neugier, London ist sesshaft, New York leuchtet in Farben — London ist kalt.... London hat Talent — New York hatte Genie. England rühmt sich einer Geschichte — Amerika hat eine Zukunft.«

Kerr reist durch die Insel, nimmt die landschaftlichen Schönheiten von Wales und Schottland in sich auf und macht Halt in Oxford, »ein Kopf voller Perlen«, in Stratford-on-Avon, wo er »William (Shakespeare) näher kommt; er scheint hier lebendig zu sein«, in Birmingham, dessen beleidigender schwarzer Rauch unverzichtbar ist, weil er die grünen Rasen von England bezahlt.

In London besucht er Shaw, den er seit neun Jahren nicht mehr gesehen hat. Der Dramatiker ist »kein bisschen gealtert. Er ist ruhig, gelassen; früher hat er freilich mehr gelächelt, war sanfter. Der Mann ähnelt in keiner Weise einem Schriftsteller, eher einem Förster«. In seinen politischen Gesprächen mit Shaw und anderen Engländern findet Kerr eine fast freundliche Haltung gegenüber Deutschland; aber auch das gibt ihm wenig Hoffnung für die Zukunft. Denn England sei nicht in der Lage zu helfen — und Amerika, das einzige Land, das Deutschland helfen könnte, weigert sich.

PROLOG

I

Ich war seit Friedensschluss wohl der erste deutsche Schriftsteller, der nach New York, nach London ging.

Ich hatte zuvor einmal Amerika, häufiger England besucht… (und in dem Werk *Die Welt im Licht* gemalt).

Ich zeige jetzt, was ich im Lenz und Sommer des Jahres 1922 dort gesehn, gefühlt, gedacht.

II

New York und London: Stätten des Geschicks – für Europas Fortbestand; nämlich für Deutschlands. Es ist dasselbe.

Der Zeitpunkt war denkwürdig… Ich sah: England kann nicht mehr, wie es will. Der britische Löwe – den ein Schulkind als was Unerschütterbares gelernt hat – litt an Zahnschmerzen.

(Ich schrieb das nachher in dem englischen *Observer*: – »But now I have seen that lion in a state of perplexity. A lion with tooth-ache.«)

III

Immerhin… bloß Zahnschmerzen. Wir selbst haben die Schwindsucht. Doch wie man im Leichnam des Malers Menzel Spuren der Tuberkulose vernarbt sah, nachdem er schaffensmächtig und patriarchenalt gelebt: so wird unser Gebrest eines Tags vernarbt und gewesen sein.

Schöpfertaten wunderbar liegen auf Deutschlands Marsch – lange noch.

Lange noch.

IV

Ich sah jenseits des kleinen, jenseits des großen Wassers die Welt… als Maler. Ich ging als ein Sohn dieses Sterns in seinen glücklicheren Bezirken herum. Auch als Relativist. Entschlossen, von den

Wirrhandlungen menschlicher Blödiane die karge Frist des Hierseins nicht vergällt zu sehn.

V

Der Aufenthalt war nicht lang. Was tut es? Eine Mutter hat gesagt: Wenn mein Sohn bis Offenbach reist, sieht er mehr als mancher im fremden Erdteil.

Ich gebe hier, was ich empfing. Beglückungen… und Erschütterungen. Auch Nachdenklichkeiten.

Vor dem Krieg ließ ich Hymnisches über New York drucken – nicht erst jetzt. Mein Gefühl ist kein Irrtum.

(Ich glaube, dass justament, wer in Amerika bloß hineinschneit, den besseren Blick für die Unterschiede hat. Ich glaube, dass er den Giganten-Umriss zu packen geeigneter ist… als wer, verstimmt von Dauer, zu viel Einzelpunkte kennt. Ich hatte nicht Zeit, mürrisch zu werden.)

VI

Eine Feststellung nebenbei.

Die *New York Times* erklärten mich für schottischen Ursprungs. Dem ist nicht so – trotzdem ich Kerr heiße. Mein Vater trug den Namen: Kempner.

Wegen der Dichterin Friederike Kempner, welche die schlechtesten je auf diesem Planeten bekanntgewordenen Verse schrieb, beschloss ich die Zusammendrängung; in Kerr. Ich teilte der preußischen Regierung mit: der Name Kempner habe genug für die deutsche Literatur getan.

Herr v. Moltke, Minister des Innern, stimmte zu; mit Stempel und Siegel … So dass ich nur das Recht habe, mich Kerr zu nennen.

Des andren Namens erinnern sich dann und wann meine, also: Gegner. Sie stören grausam das Grab der Dichterin – ohne Dank, dass ihr Tod sie an weiteren Arbeiten hindert. Ich sang zur Abwehr an die Verstorbene:

Auf dem Friedhof und Gebeinfeld
Weckt dich manchmal Y-a-Schrei'n,
Wenn dem Esel sonst nichts einfällt,
Fällt ihm Friederike ein.

Namentlich die rechtsstehenden Blätter befanden sich oft in dieser patriotischen Lage.

VII

Soviel über den nichtschottischen Ursprung. Also: geboren in Deutschland, ohne Tropfen britischen Blutes, fuhr ich zu London und New York in der seltsamen Beschäftigung fort: das Morgen zu grüßen, das Heut' zu genießen.

VIII

Aus meinem Buch spricht, wie damals, eine Leidenschaft für die Neue Welt. Es wendet sich wider den schwachsinnigen Begriff, den Europa vom »Dollarjäger« hat. Gegen Sätze wie: »Zwar Zivilisation, aber nicht Kultur«. »Zwar Erfolg, aber keine Seele.« Uäh!

Solcher Hokuspokus wird, wie damals, von mir zerpeitscht. Ich glaube, dass Amerikas philanthropischer Zug – nicht er allein – »Kultur« ist. Auch Knappheit ist Kultur. Auch Phantasie ist Seele. Schöpferischer Neusinn ist beides… Aber muss man das im Ernst sagen?

Ja, Künstlergeist ist Seele. Mein Buch singt: »Sieg der Gerätekraft; der taghellen Einbildung; der Ausgesonnenheiten; des erdachten Gefüges; des praktischen Traums«… Von Amerika sagt meine Schrift: Wer solche Dinge schuf, »hat mehr Dringlichkeit des Vorstellens, ein schweifenderes Hirn, exaktere Magie – als derlei in verantwortungslos zerrinnenden Balladen für menschliche Kinderhirne steckt … Die stärkere Dichtung ist hier.«

Ich zeige, worin der Amerikaner eine »Seele«; und worin der Europäer das Bewusstsein einer solchen hat.

IX

In diesem Punkt bin ich durch keinen Gegensatz von überseeischen Freunden getrennt – ob sie schon Tadler ihrer Heimat sind.

Sie haben recht, erziehend zu wirken. Und ich habe recht, ihr Volk von Europa her zu sehn. (Alles ist Einstein.)

Jenes Buch von dreißig Amerikanern, das die Union kritisch zaust; und mein Buch, das sie bewundert: sind es Gegensätze? Nein; Ergänzungen.

X

(Bei alledem weiß ich: New York bedeutet nicht Amerika. Doch eine Stichprobe… von einziger Art.)

XI

Ich liebe somit ein höchstkapitalistisches Land. Glaube jedoch keineswegs, dass der Kapitalismus die Form ist, in welcher die Menschheit künftig ihre Angelegenheiten ordnen wird.

Ich glaube vielmehr das Gegenteil.

Mein Entzücken ist eine Privatsache. Die Wonne jemandes, den strotzende Lebensmacht bezaubert. Der für tatverwegnes Gewühl den Pinsel selig aus dem Kasten reißt… Nicht Ökonom, sondern Maler.

Zugleich erblickt hier der Maler eine für Europa hilfsfähige Macht.

… Ich weiß trotzdem: dass Amerika nur für den Augenblick helfen kann. Dass jedoch, für die wimmelnden Erdbewohner, dauernde Hilfe sich wo anders vorbereitet.

Wo?

XII

Nein. Auch Moskau ist vermutlich das letzte Tor nicht, wodurch die Welt zu schreiten hat – (Moskau ist nur eins der neuen und wichtigen Tore, durch derengleichen sie unwidersprechlich wandern wird,… mögt Ihr das Tor Sinai nennen oder Christentum oder Marxismus oder ganz schlicht: Ordnungswille).

Mit andrem Gleichnis: Moskau bedeutet ein, zum Experiment, gepfropftes Reis am sozialen Baum. Das Reis kann dorren, faulen, fallen – der Baum wächst.

Und es wäre nicht undenkbar, dass eine Menschheitsgruppe mit Amerikas Gärtnerkraft eines Tags diesen Baum (der ihm vorläufig kaum die office verdunkelt!) zu jener Höhe züchtet, woran die übrigen sich stets umsonst versucht. Nicht heut und morgen…

Ja, wenn das scheinbar unsoziale, höchstkapitalistische Yankeevolk (zur Abwechslung einstens umgekehrt) anfängt, nichtkapitalistisch und höchstsozial zu sein: – dann wird es tun, was die andren bloß gewollt; dann wird es können, was die andren bloß geträumt; dann wird es satzen, was die andren bloß ersehnt.

Bis dahin ist gute Weile. Wir schreiben jetzt 1922.

XIII

Soziale Welt… Es kommt nicht drauf an, ob einer das alles liebt oder hasst; billigt oder missbilligt; lobt oder verwirft; gut oder schädlich findet. Sondern auf das Öffnen der Augen. Jeder Streik ist halt ein Schritt zur Anteilswirtschaft. Jeder Lohnkampf ist halt ein Beginn der Enteignung. (Man soll den Kopf nicht in den Sand tun und mit dem Popo herumblicken.)

Amerika scheint heute fern von sozialer Zwangsordnung, – aber nicht von Ordnungszwang. (Was nur dem Grade nach Verschiedenes bedeutet…)

Dies Volk ist zu allem fähig – selbst zum Sozialen.

XIV

Ein höchster Reiz war für mich: der Unterschied New Yorks und Londons; zweier so verwandten – und so abweichenden Gebilde.

Ich sah (hier im Buch steht es) »nach einem herrlich maßlosen Land… das besonnenste. Nach betäubender Jugendwildheit… strenge Form des Geschäfts. Nach einem Volk ohne Ferien… ein Volk mit week end«.

Oder: »New York ist voll Neu-Gier; London gesetzt. New York farbenheiß; London ein Nordplatz.«

Oder: »London das Talent; New York das Genie. England hat eine Geschichte; Amerika eine Zukunft.« Beide, zum Donnerwetter, eine Gegenwart!

Endlich: »Vom Krieg ist Amerika kaum berührt. England gestreift. (Frankreich verwundet. Deutschland zerfetzt.)«

XV

Stätten des Geschicks; New York und London.

Mein Herz, mit allem Verwegen-Schweifenden, das ein Mensch liebt, ist bei Amerika.

Doch ein still wohnliches Gedenken geht auch zu der britischen Insel … nebst einem Gruß alter Freundschaft an Nora, an Lucy, an den »sehnigen Juristen«. An Machthaber, Diplomaten, Kellnerinnen, Stubenmädchen, Politiker, die sorglich-lind zu mir gewesen sind.

Und an Bernard Shaw von Irland.

Grunewald, Alfred Kerr, Dezember 1922.

DAS SCHIFF *RESOLUTE*

I

Am Abend vor der Abfahrt nach New York sah ich von dem steinernen Zimmeraltan im obersten Stock des schönen Gasthofs an der Alster; wo ich manches Mal gehaust, auf Schiffe wartend, — als die Welt noch vor dem Kriegsjammer stand…

Tramdampfer zogen im Abendgold über das Alsterbecken. Die Leute schienen jetzt nach langem Regen beglückt.

Vor dem Schlafengehen saß ich bei Siechen, schräg vom Jungfernstieg. Aß Labskaus, das Schiffergericht; einen Käse zum Schluss… Und las die frischgekaufte Zeitung *Der Klugschieter* (sie war jedoch mehr Schieter als klug).

Am nächsten Morgen ging es nach Cuxhaven, durch besonntes Gefild.

II

Im Krieg schien Hamburg zu sterben. Jetzt, Mai 1922, glaubt man wieder, dass es lebt.

In Hamburg erklang 1913 das beseligend stolze Wort: »Das größte Schiff der Welt ist hier auf dem größten Helgen der Welt erbaut — und unter dem größten Kran der Welt vollendet.« Dann kam der blöde Massenmord.

Aber das Denkmal deutschen Kauffahrteiglanzes »Hapag«, die vormals größte Schiffsgesellschaft des Erdballs, ist heute kein verschollener Mythus. Sie musste zwar den gigantischen *Bismarck* an England geben, als Friedenstribut (»sic vos non vobis!« — ein Zollaufseher sagt mir, in fast lyrisch gehobenem Ausdruck, dass bei der Ablieferung »mancher Mund sich zusammengekrampft« habe).

Doch neues Leben blüht aus der Verbindung mit Amerika; von dort streckten, mit Hilfe des Eisenbahnkönigs Averell Harriman, die »United American Lines« eine Hand aus, die nicht leer war.

Das ist: Wiederbeginn und Zukunft.

Ballins treue Diadochen, Wilhelm Cuno, Bernhard Huldermann, Mein Freund Huldermann starb, während ich in New York war. Dieses wertvollen, stillen Menschen, der in meinen Büchern öfters aufgetaucht ist, wird in diesem an anderer Stelle noch gedacht. Sein Amt übernahm Dr. Hasselmann. Cuno wurde Reichskanzler. Arndt von Holtzendorff, Warnholz, Ritter, Hopf, arbeiten jetzt mit dem Sohn Harrimans und mit seinem Kanzler W. G. Sickel. Das erste Schiff der Amerikaner, die *Resolute* mit ihren 20 000 Tons, trägt mich hinüber.

Was die Deutschen im Schiffsbau geleistet, bleibt unsterblich. Deutsche Hände hämmerten auch dieses amerikanische Fahrzeug fortgeschrittenen Wuchses.

Hamburgs eigne Schiffe großen Umfangs werden bald fertig sein. Geht es wieder los?... Die acht schlimmen Jahre sind vorbei. Der Hafen ist nicht mehr verödet. Und wenn in der Zollstadt, hinter Dovenfleth, wieder das alte Getrieb', das alte Gewimmel einst erwacht: dann wird hier ein Gleichnis dämmern für das Sichaufraffen eines nicht unterzukriegenden Volks.

III

Drei Gruppen sind auf dem Schiff: Amerikaner, Deutschamerikaner, Deutsche. Die amerikanischen Leiter vorneweg: Sickel — hagerschlank, Fünfziger mit zerdachtem Gesicht. Keine Spur vom sagenhaften Yankee-Manager, sondern Vertrauen weckender Ernst. Sehr anziehend.

Robinson — mit Energie bis zur Bedrohlichkeit geladen, jung bei grauem Haar, guter Tänzer, federnde Kraft.

Deutschamerikaner dann; bei manchem wittert noch der Regimentston durch (wenn er zum Kellner spricht). Untereinander jedoch reden sie Englisch. Erfolgreicher Drang nach mimicry.

Amerikanerinnen auf dem Schiff tragen auffallend oft Leopardenpelz (oder ist das Zeugs getuscht?), das Futter blaue Seide, bunt bestickt. Ha, das Aug' eines Ehemanns träumt hier von kommenden kleidsamen Moden... bei besserer Valuta. Ha, sag' ich nur.

IV

Ein alter Pfälzer und ein junger Pfälzer. Der alte, rundköpfige, seit vierzig Jahren amerikanisch — doch hängt sein Herz an dem Heimatslaut. (Und an einem besseren Tropfen.) Er sagt: die Zustände drüben seien verändert. Er meint den »Prohibition Bill«. Er sagt eines Vormittags düster, wörtlich: »Wo kein Alkohol ist, ist auch keine Freundschaft.« Die saloons drüben seien jetzt öd'. »Trinke Sie ä Pilsner Bier mit?« Vergrämt ist er über diesen Zustand in Amerika. Vielleicht hat er deshalb das Geburtsländle besucht… Hass gegen die Deutschen, meint er sonst, besteht nicht mehr. »Das hat umg'schlage.«

Der jüngere Pfälzer, fünfzehn Jahre lang in Kalifornien, klagt: Mit einem Mädel sei es auch schwer drüben. Er räuspert sich, stockend. Gleichviel ob eine reelle Liebschaft oder was Gewerbsmäßiges — man könne verhaftet und eingesperrt werden.

Der Alte: »Wenn Sie Wein oder Bier im Haus habbe — und setzen dem Nachbar ä Glas vor und der zeigt Sie an… könne Sie bis zu zehn Jahr' Gefängnis kriege.« Es sei schrecklich.

»Also trinke Sie ä Pilsner Bier mit?«

(Auf amerikanischen Schiffen darf man das; was für Cocktails trank ich anno '14 drüben; einen aus Gin, Früchten, Wermut, auf der Basis von deutschem Markobrunner.)

V

Der jüngere Pfälzer ging zwanzigjährig als Goldschmiedegesell mit dreihundert Mark im Zwischendeck nach Buenos Aires. Wird hernach Dolmetsch auf einem englischen Schiff, weil er ein bissel Französisch in Genf gelernt. Schlief unten mit den Stewards. Verdient so in vier Wochen zweihundertzwanzig Dollars. Kauft hiervon (aus Kalifornien) heimatliche Bijouterieketten nach dem Meter — die er durchschneidet und selber »finiert«, spart also beim Verkauf den Arbeitslohn.

Machte jetzt in der Geburtsstadt eine wohltätige Stiftung beim Bürgermeister. Fährt erster Kajüte.

In Deutschland fand er die Mädels anno 1922 heruntergekommen. Sie laufen einem Mann, ganz junge, gleich zu vieren nach… meint er missbilligend, aber mit Glanz in den Augen. Und in Amerika wieder gehn weibliche Spitzel um — die verleiten Männer zum Ansreche'… und übergebe' sie dann der Polizei. Von diesem Gedankenkreis kommt er nicht los.

Ein gutartiger Raunzer. Schimpft auf alles: auf Amerika, auf die Japs, auf die Engländer, auf die Judde. Die Amerikaner haben, erklärt er, nur ein großes Maul. Die Japs kontrollieren sehr viel von der kalifornischen Agrikultur! Sie erwerben Land »hinnerum«. Die Amerikaner, behauptet er arglos, tragen schwarze Brillen, um ihr Gesicht zu verbergen. Sämtliche Völker sind für diesen belfernden, doch ganz duldbaren Kerl... nicht minderwertig (das wären sie für einen Norddeutschen), sondern verdächtig: als betrügerisch, als prahlhaft, als unsolid.

Der Goldarbeiter hat rund dreißigtausend Dollars in fünfzehn Jahren weggelegt; mit diesen zweihundertvierzig Millionen Mark will er sich nach Deutschland zurückziehn...

VI

Ich las auf Deck das jüngst erschienene wertvolle Buch des Franzosen O. Hesnard über Fr. Th. Vischer... und sah plötzlich Dovers Kreidefelsen. (Zum ersten Mal wieder nach dem Krieg.) Das Schiff zog ruhig über den Kanal. Kein Wellenstoß. »Guter Mond, du gehst so stille durch die Paddengasse hin« — dacht' ich.

Vor Southampton ein langer Halt, Öl zu pumpen. Zwischendurch schmissen wir an Bord nach einem senkrechten Pfahl — mit Tauringen (nicht Trauringen, Setzer!).

VII

Wie behaglich die hellgrüne Heiterkeit Southamptons am Morgen. Allerhand blanke Britenschiffe aalen sich; oben weiß und leuchtgelb. Eine Luft wie von William Turner. Der Buchtrand niederhüglig, sprießend, bebaumt.

Reede von Southampton und Wight! nun satt opalisierend, mit fern schwindenden bläulichen Berglein.

Mit Kulissen, Böschungen, Buschungen — mit Schlosshäusern im Grün. Mit roten Streifen, Burghausungen, Halden... wo der Golfstrom ein Nebel-Eiland begönnert.

(Deutsche Schiffe dürfen bei Southampton und Cherbourg noch nicht ankern... Unaussprechliche Blödheit.)

VIII

Ein Kind wurde heut unterwegs geboren. Deutsches Mädelchen.

Wieviel Schicksale herbergt so ein Schiff.

Ja, Menschen ziehn hinüber und herüber — die mit einer Wunde, die mit einer Zuversicht. Alle hinter etwas Glück her.

Im schwimmenden Stahlhaus ist Rast zum Bedenken…

Eine Irin, nach Mecklenburg verpflanzt. Ein Moselkind, in Long Island zu Haus; ihre zwei Männer tot, der Bub' tot; sie war in Deutschland, den Jugendgeliebten zu sehn, — der indes Generalmajor geworden ist… Ein gütiges, ruheloses Herz. Die andre wieder, von Jersey, verlor unterwegs den Mann an Blutvergiftung. Eine von Salzburg entwirft Kleider in New York, um ein Häusel am Mönchsberg einst zu kaufen. Ein junges Paar in Wonne, sie hold aus Ungarn, er von der Spree. Ein Potsdamer Offiziersmädel, hell und entkastet. Ein feiner, fast zarter Großkaufmann aus Hamburg und sein munterer Jurist. Heinrich Hagenbeck, der Sohn; versorgt wieder zoologische Gärten in Cincinnati, in St. Louis; erwartet sechzehn Elefanten und einen Zebratrupp. Ein Bleistift-Faber, schon in Amerika geboren, Fünfziger; spricht noch Deutsch und spielt mit Kindern.

Die schweizerische Gattin eines kalifornischen Farmers predigt am Sonntag hinter ihrem Tisch mit weißrotem Tuch die neue »Universal-Welt-Religion« des Persers Bahdollah. Eine Morgenlandslehre für alle Rassen. Sehr eifernd. Jemand sagt nachher: »She went too far« — sie ging zu weit.

Aber man lachte nicht über sie.

IX

Hinter Cherbourg schnob der Sturm. Wieviel Ungewitter brachen los…

Dem Schiff taten sie nichts — mit seinem Blumenladen, Buchladen, Friseurladen, seinem Lift, seinem Wintergarten, seinem Turnsaal, seinen weißen Badezimmern, seinem Schwimmbecken, seiner drahtlosen Zeitung, seinem Orchesterle mit Traviataweisen und Solveigs Lied.

Am Eingang zum Wintergarten singen zwei Harzer Roller. (Einen, der bloß kein Roller war, hatt' ich am Abend vor der Abfahrt bei Siechen gespeist; vgl. oben.)

Was ich sagen wollte: der Kapitän, D. Malman, fuhr wacker durch die Dünung. Dies Wetter bedingt ein tagelanges Verzögern. (Die Nachricht von den Stürmen jener Woche ging damals durch die Zeitungen.)

Das Meer grau, mit hellgrünen Lichtflecken. Am Hinterschiff zerdröhnende Berge. Ganz abseits ein Regenbogen. So fing es an.

Dann vorn, über der wildschwarzen See, eine regenziehende Sonne mit blödsinnig blendendem, fast silbernem Glanz.

X

In der Nacht… Das Sofa reitet durch mein Kabinenzimmer bis ans Bett. Der umgestürzte Tisch trabt, galoppt. Und (phantastisch!) Schränke springen auf — innen erleuchtet. Denn weil beim Öffnen eine witzige Vorrichtung Licht erglühen lässt, auf dass man drin ordentlich sehn kann: so ergeistert in finstrer Nacht jäh aufspringend ein Leuchtschrank. Strindbergisch-vampyrisch (möcht' man sprechen). Draußen donnert wildes Wasser.

Ich muss beim Durchschreiten des Zimmers schräg hinaufklettern… oder hinabrutschen. Im Bett kugelt man. Durch mein schönes Zimmerle kollern Frackhemden, Stiefel, Hüte. Rasierzeug segelt unter den Schreibtisch. Der Koffer kommt gewackelt, gewackelt. Als der Morgen dämmert, wird es manchmal jählings wieder dunkel, weil schwarze Wellen übers Fenster gehn. Ein Posaunengeriesel; ein Schlag.

XI

Ich bin bei alledem nie seekrank. Dies Rollen im Bett schafft eine spaßige Körpermüdheit (von den Gehirnschwankungen?); man fläzt sich aus — in einem zuletzt lullenden Hochgehn und Sinken.

XII

Beim Frühstück wandeln die Stewards nun schräg auf der wechselnden Gleitbahn. Was gab es noch gestern, was jeden Tag zu schmausen! Languste, Poularden, Wachteln auf Ananas, Hummern für Amerikaner warmgebräunt, Kaviar, Artischocken, britische Austern, Birnen aus Florida, Eisfrüchte, nicht zuletzt jene saftquellende Grapefruit aus Kalifornien: Zitrone vom Umfang eines Kinderkopfes… und schmeckt orangenherb.

XIII

Am späten Morgen: silbernd bläulicher Himmel über der fauchenden Sturmsee. Das Schiff ist meistens gewissermaßen im Kessel. Das

Ende des heulsingenden Wasserkreises liegt ganz hoch, das Schiff tief in der Mitte. Malman fährt wacker durch.

Die Flut ist jetzt am Vormittag schwarzgolden… und auf schwindende Strecken hin gletscherweiß. Ein steigendes Gletschermeer.

XIV

Alles legt sich. Ruhe kommt. Menschen gucken wieder vor. — Der Palmstamm im Blumensaal ist ramponiert an eine Säule gebunden. Von den zwei Karnalljenvögeln fehlt einer… der andre zühkt betreten. Dann rollt er.

Neben ihn hat ein Amerikaner seinen ausgestopften Kanari gestellt; der singt genau so schön… Grammophonisches Wunderwerk.

Am Abend wieder Tanz. *Salomé*. Fox. Destinée-Walzer…

Am nächsten Morgen fährt man in kompletter Himmelswonne, Himmelssonne still wie auf dem blauen Mittelmeer.

(Der Golfstrom hat mit der Pupille geblinkt.)

XV

…Tage vergehn. Amerika rückt heran. Die Luft ist klar und kalt geworden.

XVI

Adieu, *Resolute*. (Du warst »homelike« — wie eine Yankeefrau sagte.)

Jetzt wird es kenntlich, das Standbild der Freiheit — über dem Wasser in Salzduft.

Hier dehnt sich die seltsamste Siedelung dieses Sterns… wo unter Manhattans Himmelsriesen eine kopfscheu gewordene Menschheit neue Hoffnung sucht.

XVII

Dies Volk hat gekonnt, was Europa nicht konnte. Dies Volk hat den Nordpol entdeckt. Dies Volk hat das Flugzeug erdacht. Dies Volk hat den Krieg der Erde gestoppt…

Kommt eines Tages von hier das Heil für die Welt?

NEW YORK

TITANENKIRMES

I

Der Mensch fühlt ein wunderbares Erschüttertsein, wenn er nach dem Weltunglück aus einem verzwisteten, siechen Europa hier landet. Acht Jahre verflossen seit dem vorigen Besuch.

Der Sohn des alten Erdteils hinkt und schnauft um das bisschen Atem. Hier aber sinnt ein strotzender Kerl voll Überfluss und Überschwang und Übermut, was für neue Sprünge sich machen ließen. Was für Hopser von nie gekannt verwegener Art.

(Es ist ein Unterschied.)

II

Alles hier fluscht in Sturzbächen. Alles um das Vielfache reicher und gewaltiger als vor dem Krieg… Trotz vorübergehendem Arbeitsmangel; trotz der Trinkbeschränkung.

Ein gigantisches Zuviel. Verschwendung an Rohstoff, mit dem unbekümmerten Zug — im sommerlich glückhaften Bewusstsein wilden Reichtums. Dabei kein Raubbau: weil alles in schier aufdringlicher Menge da ist. Jeder Versuch bleibt aus dem Vollen unternehmbar… gleichviel was dabei an dicken, sehr ausnutzbaren Spänen seitwärts schnellt und liegen bleibt.

Blüte des Kapitalismus.

III

Für alles, alles, alles ist hier Geld zu haben. Aktiengesellschaften? Im Nu… Ein Schweizer, den ich kennenlernte, mit gutem, aber nicht ungewöhnlichem Kehlkopf, hat eine Gesellschaft mit vierundsechzig Millionen Mark für seine Stimme gegründet. Übersteigen die Konzerteinnahmen den verbürgten Mindestsatz, so fällt der Überschuss an die Aktionäre.

Rings Wagemut; leichte Hand; Erfolgsglaube; Vergeudung; Unternehmertrieb. Ein Bankherr aus der feinen, reichen Park-Avenue sagt mir: »Das Geld liegt in New York auf der Straße.«

Heut noch? Heut erst recht.

Dabei ist alles teurer geworden. Amerika durchlebt »schlechte Zeiten«…

IV

Ein heller Ingenieur, der mal in Bergedorf eine Separatorenfabrik hatte, geht vor dreieinhalb Jahren fast mit nichts nach New York; von da, weil ihm der Boden im Krieg zu heiß wird, nach Florida; macht am Mexikanergolf Land urbar: baut ein Wohnhaus für Weib und Kind; pflanzt dreißigtausend Feigenbäume; brütet fünftausend Hühner aus (hätt' ich fast gesagt); schafft Gehäuse für allerhand Viehzeug; setzt zwei Hotels hin; legt Schienen; kurz: zeitigt Farmanlagen, die einer Stadt ähneln… und heut ist alles im Besitz einer Aktiengesellschaft mit achtzig Milliarden Mark (zehn Millionen Dollars) — nach dreieinhalb Jahren.

(Der Hauptaktionär, Mr. Minor Keith, kontrolliert beiläufig fast jede Banane, so auf dieser Erdkugel, überzuckert oder gebraten oder frisch, in einen Mund kommt.)

Blüte des Kapitalismus.

V

Wer lange hier lebt, sieht auch Schattenseiten. Wem sagt man das? Doch eben wer hineinschneit; wer die Zeit nicht abwartet, bis erste Rieseneindrücke sich stumpfen und schwächen: der hat den unterscheidlichen Blick… oder den Blick für das Unterscheidliche.

Einzelheiten verdunkeln! Auf den großen Umriss kommt es an. Der ist erschütternd — es gibt kein andres Wort.

VI

Denkbar, dass ein gewisses Wanken des Kapitalismus, wie das Europa jetzt erlebt (mit Streiks, Verbänden, kurz: Anfangsschritten der Enteignung)… denkbar, dass ein solcher Bröckelstoß des Kapitalismus auch den Hudsonufern einst naht. Denkbar? Todgewiss.

Aber spät. Noch blinkt und sprosst und grünt in aller Strahlsonne der starke Saftstrauch kühnster Geldunternehmungen.

Mit wieder andrem Gleichnis: es waltet hier das Hirngenie eines machtvollen Kindes. Eines (sehr arglosen und sehr gerissenen) Wunderkindes von einziger, täglich wachsender Kraft. Kummerlos, nur triebstark.

Und heiter! denn dieser Erdteil ist sozusagen blitzblank, aus festem Rohgut.

Von dem, was Amerika wegwirft, kann ein Kontinent leben.

Blüte des Kapitalismus.

VII

Meine Seele denkt an die Pyramiden, in einem seltsamen Zusammenhang.

Ich hatte, wenn ich in Deutschland war, stets ein soziales Gewissen. Ich hab' es auch heut… und sterbe damit. Hier liegt ja die Zukunft.

Amerika scheint auf diesem Feld — nicht unmoralisch (es ist mehr philanthropisch, als Europäer wissen). Aber mit Rücksicht weniger durchsetzt als wir. Die Pyramiden, die mein verblüfftes Auge vor dem Wüstenmund einst sah, sind von Sklaven erbaut. Menschenmillionen schmachteten — damit ein Gedenkmal voll Zauberkraft möglich sei… Sklaven gibt es in Amerika nicht; es hat ja die Sklaven befreit. Immerhin; mit Altersversorgung, verbotener Nachtarbeit und Stundenbeschränkung war die Gigantik New Yorks nicht zu machen.

Ich glaube nach wie vor an den Weg des Menschenschonens: er scheint nicht nur sittlicher, auch rentabler…

Doch jenseits vom Sittlichen wie vom Rentablen sieht man hier die Leistung, die Leistung, die Leistung.

Und ist erschüttert.

VIII

Kann jemand vom Anblick einer Untergrundbahn fast religiös erschüttert sein? Kann jemand, wenn in den Gleitschacht des ungeheuren Pennsylvania-Bahnhofs die Autos rollen, fliegenklein und massenhaft, — kann jemand hiervon erschüttert sein? Kann jemand, wenn er hoch in einem Gigantenhaus wohnt, und der Sturm Zaubermusiken heult, abermals in der Seele tief erzittern… und die Hände hinstrecken?

Kann er, wenn aufflammendes Licht am jungen Abend hunderttausendfach über die Dächer New Yorks hinglüht, in beinah erfüllter Sehnsucht eines zum Ziel Gekommenen, der eine neue Schönheit sah, tiefste Rührung empfinden? Ist das möglich?

Es ist unabwendbar.

IX

Das Gewimmel hat sich nach dem Kriege namenlos gesteigert. Verkehr im Kubik. Gasthöfe, himmelhoch, wurden fertig. Bahnhöfe kamen jetzt voll in Gang. Die Straße scheint ein Jahrmarkt für Zyklopen. (Aber mit hundertfach geschmeidigter Zwischengliederung.)

New York ist die großartigste Stadt der Welt.

Alles das hat — in wechselnder, dabei halb gleichartiger Phantastik — mehr Ähnlichkeit mit einem halbsüdlichen Städtetraum als mit irgend was Mitteleuropäischem. Brie à brac; pittoresk; hinreißend.

Ein Gigantenprater. Eine Simsons-Schau.

New York ist nicht, wie Paris, der künstlerisch-heiterste, der sehnsüchtigste Eindruck manches Daseins (vergleiche Friedrich Hebbels Tagebuch) — doch der wachste, der umwerfendste. Die wahrhaft neueste Welt.

Man verstummt vor diesem nun ganz fertigen Pennsylvania-Bahnhof... aus Gestein. Oben verästeltes Eisen, wie Laubenrankenwerk. Lichtfreundliche Dome von gebändigtem Fels und Stahl. Von Alabaster und Marmor. Neue Peterskirchen am Schienenbeginn. Schmauspaläste dabei. Jenes packende Gefäll! In der Unterwelt sind Feen-Schaufenster. Wenn Elektrodroschken tief hinabgerollt sind, wölben sich Kirchenschiffe, Kathedralhöhen. Noch tiefer von hier unter die Erde! Neue Läden, unterirdisch mit Früchten, Drogen, Tabaken, Kodaks, Hüten, Koffern, Büchern... und neue Eingänge zu noch tiefer gelegenen, taghell gleißenden Unter-Erd-Rasezügen durch die Stadt.

Das sind Erschütterungen... der Seele.

Oder: die schon vor dem Krieg fertige, heut gewaltig belebte Grand Central Station. Wieder keine Zweckscheune. Sondern ein marmornes Monument und ein Mirakel. Doch ohne Aufhebens mitten in die Hausreihe der Straßen gegliedert. (Also nicht ein großer Platz mit Anlauf davor — und wenig dahinter)...

Das sind die neuen Dome — der hastenden Glücksucher; der reisenden Menschen, umgewirbelt für kurze Erdenzeit.

X

Die Treppen und Säulen eines Posthauses… mammutgrandios und einfach.

In der neuen Architektur ist nicht das Woolworth Building (der höchste Wolkenkratzer, wo ich vor acht Jahren im vierundfünfzigsten Stockwerk stand) das Wesentliche — nur das Höchste. Gleicht zu sehr einer Kitschkirche.

Doch neugeartet, mit jetzt geborenem Stil, sind rechteckige Massivgoliaths aus Stein, verhältnismäßig schlank bei unendlicher Gedrungenheit: von muskel-edler Wucht…

Wer niemals die neue Architektur auf Avenuen und Straßen Manhattans erblickt hat: dem bleiben die letzten Wonnen der Baukunst versperrt.

Auch neue Hotels in New York haben den eignen Baustil. Was bietet so ein Hünengasthof dem Blick?

Rechteckiger Grundbau, vielfenstrig und vieltürig und schon sehr hoch. Hierauf erwachsen in Himmelshöhe, auf seinem tragfähigen Buckel gewissermaßen, vier hohe, helle, rechteckige Schornsteine, nachgepresst, mit unermesslicher Fensterschar. Diese heiter leuchtenden, senkrechten Flachriesen mit vielem Glas und immer Glas und wieder Glas steigen in den Äther.

Um einen volkstümlichen Begriff zu geben: auf einer gemeißelten Zigarrenschachtel ragen vier Zigarettenschachteln quergestellt, auf ihre schmale Seite gestellt; sie schießen parallel mit Tausenden von Glasfenstern luftwärts.

Dort wohnen, abermals, bis hinauf, Erdsöhne, herumwirbelnde, witternde, reisende, schaffende, suchende.

XI

Die Säulen der Amerikaner setzen Antikes fort. Man lacht in Europa, wenn ein Stadtname dort »Memphis« heißt — in New York hört so ein Lachen auf, denn das Gefühl kommt: Ramses kann sich begraben lassen.

Auf der Brücke von Brooklyn stand ich zum zweitenmal im Leben. Ein Wort Napoleons, das auf den Denkstein in Cherbourg geschrieben ist, ging mir durch den Kopf. »Je veux renouveler les merveilles de l'Egypte.« Armer Provinzler!

In der Schwebewucht so eines Brückenbaues, auf dem Riesenpfad über rollenden Riesenwässern, ist Altertum und Neuzeit überwunden.

Großartigste Stadt der Welt.

XII

Am Abend… Nach dem Krieg hat sich auf dem Broadway der Lichterglanz verhunderttausendfacht. Broadway — das ist eine Straße, vier deutsche Meilen lang. Dreißig Kilometer. Wie vom Dönhoffplatz bis Potsdam… innerhalb eines Teils von New York. Das gibt es.

Am Abend jetzt eine millionenfache Lockung von Glühfarben.

Rotes, Silberndes, Blitzblaues schreit, kreischt, rast, winkt, zuckt, lacht, symphont, sprießt, stirbt, flimmert, neckt (alle Gleichnisse gehen hier durcheinander), schielt, blinkt, funkt, blitzt, stockt, braust, züngelt, pfeift. Licht kann trillern…

Eine Blendflut mit Crescendosternen, Leuchtmagien, Strahlwundern, Wolkenfeuern.

(Wo nehmen sie das Geld her!)

XIII

Am Times Building, dem schmalen Himmelsbau der Zeitung *New York Times*, geistern Lichterzuckträume den Broadway hinab und hinauf.

Am Broadway — diese Essstuben alle! Das Gewimmel um elf Uhr nachts. Diese Schaufenster. Diese Ströme von verzuckerten Früchten im weiß-rötlich-violetten Schein; von parfümierten Zuckerln, durchmandelten Schokoladeklümpchen, Karamellpaarungen, Duftbonbons. Schlaraffenland! Diese Fenster alle mit Torten, Hummern, Hühnern, Kompottgläsern, Biskuitstapeln, Ananashäuptern. Diese Fenster, wo bei Grapefruits tausend süße Cremekuchen liegen und Spargelbünde und Austern und Clams. Diese Fenster mit Heuwagen von Zigaretten, Tabakbüchsen, Havannastielen. Diese leuchtenden Mitternachtfenster mit rohen Fischen, Erdbeerbergen, schwärzlichen Langusten, Poularden, Konditorfelsen. Fenster mit Hüten, Seidenhemden, Lackschuhen, Florkleidern. Hinter Schaufenstern sieht man die Leute vor Mitternacht schmausen. Und alles in Bewegung. Auf dem Damm zehntausend apfelsinenfarbene kurze Autos — die mit Insektenflinkheit surren, auf den Wink stehn, fortschießen, tänzeln, stoppen, flitzen, wenden, mit den Vorderrädern gleichsam in die Luft langen. Und es nimmt kein Ende.

Rasende Lebenspracht. Eine Titanenkirmes.

Eine Ewigkeitskirmes.

XIV

Und nebenher gibt es noch Italienerstädte, Chinastädte, Negerstädte, Polenstädte, Deutschenstädte, Judenstädte, Franzosenstädte, Sozialistenstädte.

Und wenn die Menschen so einer durchtrödelten Straße tagsüber geschachert und geschuftet und gewerkt und gekauft und geräumt und geschafft und geschrien, somit (halb analphabetisch) die dringendste Notdurft verdient haben, das Essen und die Bleibe: dann stehn Abendschulen offen für sie; für alle, kostenlos, faxenlos, frei von Ballast, bar von Hokuspokus… und von hier kann der Lump, der Bettler, der Paria mit dem Funken im Hirn ein Anwalt werden oder ein Arzt oder ein Bauherr — oder ein Präsident.

Am Spätabend kehrt er ein mit seiner Mappe… und man nennt das High School.

Und wer diesem amerikanischen Volk, diesem herrlichen Jugendvolk nur die sogenannte Zivilisation zubilligt, aber nicht Kultur: der ist mit unheilbarer Kurzsicht geschlagen.

Die Kraft fehlt ihm, statt der Einzelheiten den Umriss zu sehn.

AN DER WALL STREET

I

Ungeheurer Kapitalismus — in der Wall Street schlägt sein Herz. Hier empfängt ein irdischer Wandersmann, wenn er ein Maler ist, rätselhafte Wirkungen. Schwer vergessbar.

Die Straße! die Straße von New York! Ich spreche zunächst nicht von Wall Street. Die Straße… an allen Stadtenden fährt sie fort, aufreizend und beglückend zu sein. Man lacht mitunter — ich merke jedoch im Kern, dass kein Grund zum Lachen besteht: weil dies Werben und Anpreisen (was man also Reklame nennt) ja eine Form größerer Offenheit ist. Nämlich das Eingeständnis (nicht das Vertuschen), dass jemand Geld verdienen will…

Auch Zurückhaltung, meine Lieben, ist eine Form der Reklame; die minder aufrichtige. Vom Brauch erzwungen. Ein Feingefühl, das halb Angst ist. (Und häufig den Inhaber wurmt). Seid's ehrlich… Hier aber werden Umschweife missachtet.

II

Ich gehe (meilenfern von Wall Street) durch die Siebente Avenue. Zwecklos; was der beste Teil des Reisens ist… , »und nichts zu suchen, das war mein Sinn«. Und alles, alles, alles zu suchen — das war mein Sinn. Am Tag wie am Abend.

In einem Geschäft sind Leutehaufen. Durch das Fenster sieht man auf dem Ladentisch einen winzigen Zug über Schienengleis rollen; Elektrosignale, winzigklein, blitzen. Ein Mann erklärt es. Draußen Inschrift: »Treten Sie näher! Auch Ladies willkommen. Freie Vorführung.«

Vorgeführt wird ein jetzt erfundenes Mittel, Bahnunglück zu hindern. Auf Aktien. Train Controller. Wer in den Laden tritt, wird angeregt eine Aktie zu kaufen — sofort. Gedruckter Nachweis, gesprochener Nachweis: dass neulich bei dem X-Unternehmen an je fünfhundert Dollars je eine Viertelmillion verdient wurde… Die Bähnchenbahn rennt, die Lichtlein blitzen.

Oder: in einem Laden liegt das Schaufenster voll Geröll. Innen wird gezeigt, wie Öl daraus zu holen ist. Aktienverkauf sofort.

Nachts um Elf bin ich am Columbus Circle. Ein Schnellmaler sitzt hinter Schaufensterglas — damit man zugleich Mitchells Motoren sehn muss, die sich im Schaufenster bewegen.

III

Die Straße lockt, mit ihrer staunenswerten Ordnung im Getümmel — ob man zwischen den ruhigeren Steinpalästen der Fünften Avenue wandelt, ob man zur Tiefbahn am unscheinbarsten Häusereck steigt. (Dazu Gelegenheit gibt es immerfort. Nicht umständlich-festlich mitten auf dem Damm.)

Diese Subway ist ein neues Wunder. (Gleich den Lifts, die immer gehn — nicht manchmal aus Gefälligkeit. Gleich dem Telefon, das immer klappt — nicht manchmal nach zwei Minuten. Der Kürze halber heißt es nur »Phone«.)

IV

Nach Wall Street fahr' ich mit irgendeinem Express unterirdisch — der also nicht überall hält. Bin ich in der Nähe, mit einem Local Train, — der überall hält. Die Subway umfasst nicht nur ein paar saubere Puppenwagen… Endlose Donnerzüge. Alle Türen springen am Halt gleichzeitig von selber auf. Keine verschiedenen Klassen. Ein Preis, ob Rasezug, ob gewöhnlicher Zug. Wer einmal unten ist, kann fahren, soviel er will. (Ich spreche von diesen Dingen con amore — denn es ist unwahr, dass nur »Zivilisation« dahintersteckt! Wahr ist, dass auch da Kultur und Phantasie herausgucken. Ein Fressen für den Künstler. Und für den Denker: weil Gerätekraft Menschenkraft ersetzt.)

Untergrundhöfe — kaum übersehbar lang. Alles geht im Sturm. Am Eingang wirft man einen Nickel in den Trichter, da öffnet sich (von selbst) die eiserne Kreuzbarre, die den Werfer durchlässt. Nachher wird niemand mehr belästigt… auch am Schluss nicht, wenn er hinauswill. Denn am Ausgang wird nichts abgefordert; also kein Verzögern… Hier, die Ausgangsbarre bewegt sich ohne Nickelwurf… Überall sinnreiches Uhrwerk! Statt Menschenkraft: Gerätekraft.

Nur ein Geldwechsler, manchmal ein Negro zum Überwachen. Doppelter Vorteil: Ersparnis an Knipsern, Ersparnis an Behelligung.

V

Eine ganze Stadt unter der Stadt. Macht man einen Übergang zu Fuß zwischen zwei Linien desselben Riesenbahnhofs, mit Treppen, Gängen, Unendlichkeitshallen: so gibt es nicht Wandschriften, phantasielos, halb theoretisch, etwa des Inhalts: »Der Übergang vom X-Zug zum Y-Zug befindet sich in südwestlicher Richtung halbrechts« usw.... sondern oben von der Decke hängen fortlaufend (waagrecht) grüne, schwarze, rote Zeigebalken durch das Gewimmel, handgreifdeutlich, die noch den Stupidesten mit stets wiederholter Aufschrift zu seinem Punkt inmitten der Wirrnis führen. Klarheit und Knappheit… (Klarheit ist Phantasie; Knappheit ist Kultur.)

VI

Übrigens bleibt es eine Legende, dass in Amerika alle Herren für Damen aufstehen. Ich sah dies ein einziges Mal… Und das war ich.

Aber sehr gern, — Frauen und kleine Mädels von New York! Mit euren kurzen Burnus-Mänteln und angemalten Backen. Ja, zierlich und angemalt. New Yorkerinnen sind sozusagen bloß ein »Herz« (oder was Ähnliches) auf zwei zarten Beinen…

Zwischendurch schwarze Frauvölker, weich, blühfrisch, seidig — und halbschwarze, bemoost, schrumplig, mit Messingbrillen. (Eine alte, sorgliche Negerin hat was Ergreifendes.)

VII

Genuas Paläste welken vor Wall Streets verwegenen Steinhäusern. Wer New York nicht sah, kommt um die letzten architektonischen Wonnen.

Stellt euch an die Ecke zwischen Wall Street und William Street; guckt in diesem Viertel durch Nassau Street, Cedar Street, Broad Street, Fulton Street, Hanover Street, Pine Street. Es ist ein Gipfel — für den Maler. Auch ohne Kenntnis, dass hier das Geldhirn der Menschheit schwitzt.

William Street ist schmal, riesenhoch. Eine wundervolle Sachlichkeit. Ersten Ranges. Ich dachte zurück… in Deutschland war mir in einer verhältnismäßig kleinen Stadt Verwandtes begegnet: in Essen. Die Hauptstraße von Essen wirkt amerikanisch; wenn auch in puppigem Umfang.

Wall Street ist breiter als der enge, schöne, grandiose Tiefpass William Street... Schrägüber, wie ein Beet im Schacht, die alte schwarzsteinerne Kirche mit ihrem Friedhofszaun, vergessen aus entflossener Zeit. Trinity Church. Stumme Gräber zwischen grellen Giganten... Abermals erscheint New York als die Stadt der höchsten Wunder, die einem Erdensohn gewissermaßen vor den Schießlauf des Auges und der schreibenden Hand kommen kann. Ein Fressen für den Künstler.

VIII

Das Wirtshaus Savarin — im Keller sitzen hier hunderte von Bankmenschen, auf Böcken, am Bartisch; sie lunchen hastig. Hunderte; jetzt hundert neue.

George Washington starrt in diesem Viertel irgendwo steinern in den Aufruhr der Geldmächte.

Nicht eine Börse besteht... sondern vier Börsen. Für Bonds. Für Waren. Für Baumwolle. Und für Papierchen. Die letzte: Stock Exchange, — das Auge, das Herz, der Magen des Erdkapitalismus.

Stock Exchange: klassische Säulen; drunter hübsche Altanerl'n aus Gestein; drüber ein Höchstrelief; noch drüber eine Balustrade von behauenem Fels, zwei Wolkenhäuser verbindend... Innen steigt und fällt allerhand. Jedes deutsche Pfund Butter richtet sich danach.

IX

Ich spreche mit »Otto Eetsch«. (Nämlich »Otto H.«) Vertrauliche Abkürzung für einen der Lenker von Wall Street. Die Familie süddeutschen Ursprungs. Jeder hier, dem sein wirtschaftliches Werk bekannt ist, sagt: »Ein großer Mann!«

Er ist grauhaarig; schöne dunkle Augen; im Knopfloch eine Blume; der Europa-Schnurrbart nicht gekappt. Die Muttersprache nicht veryankeet. Er spricht manchmal wie der Schauspieler Bassermann — zum Verwechseln.

Holztafelgemächer. Rings in der Luft sozusagen irgendwas Künstlerisches. Gute Stiche. Hie und da New Yorker Ansichten aus vergangener Zeit. Dann große Bildnisse von Begründern, von Mitinhabern, von Vorgängern, oder so… Nebenan mit Lampen ein feiner, gedehnter Raum. Wie ein sehr langes, erlesenes Schreibzimmer für Damen. (Doch sitzt nur eine drin. Ich gucke nach der lockenden, dunklen Person mit oliviger Gesichtshaut.)

Wir sprechen über die Stellung Amerikas zu Deutschland. Die Gebärde dieses wichtigen Wallstreeters ist nicht steif oder kalt. Ernste Gutwilligkeit. Der Hass gegen Deutschland schwillt ab, findet er. Ja, es habe niemals Hass gegen das deutsche Volk bestanden — bloß gegen Junker und Kriegsführer. Das begründet auch die politische Haltung des Sprechers im Krieg. Sein Bankhaus lieh seitdem verschiedene Milliarden, heißt es, an Deutschland.

Jetzt, erzählt er, ist Richard Wagner wieder obenauf; nach dem Krieg die große Mode New Yorks. Das Gespräch haftet an der Kunst. Er spricht von allem, was die Bühne der neuen Welt zeitigt. Er hofft, Eugen O'Neill (das ist Amerikas junger Dramatiker) könne sich in kommenden Stücken klären; die Begabung sei groß. Er spricht von Richard Strauß, den er kürzlich gesehn. Er findet sein Wesen »milder geworden«.

Ja, ein dauernder Magnet für diesen Mitbestimmer der Weltfinanz ist: Musik.

In die Lampenerleuchtung des Raums dringt, halb abgeblendet, der Mittagsschein des Billionenviertels.

X

Ich hole mir Dollars, in einer andren Bank.

Marmornes Pantheon, Marmorboden, Marmorsäulen, — mit marmornen Sakramentsschränken, diese dick vergittert… es sind die Kassen.

Wächter, große Kerle, gehn rum.

Ich sitze dann in einem abgetrennten Teil, auf die Scheine zu warten. (Doch Abtrennung in Amerika erfolgt nicht gern durch Wände, lieber durch Schranken; stets viel verschiedene Tätigkeit in einem Raum.) Auf dem Tisch, an dem der Geldempfänger wartet, liegen (keine Gelegenheit auslassen!) Empfehlungen für Reiseschecks dieser Bank. Abstecher zur Sommerzeit nach Alaska. Ein Trip nach Havanna. Nach Mexiko… Noch auf dem Löschblatt empfiehlt die Bank ihr Stahlfach für den letzten Willen. Mit dieser Begründung: »Sie könnten Ihr Testament verlegen. Oder Unbefugte könnten es erblikken. Geben Sie das Schriftstück in eine sichere Box. Die Kosten sind lächerlich (The cost is trivial).«

Man kriegt förmlich Lust, Kodizille zu machen.

XI

Noch ein Bankhaus. In einer Halle des zweiten Stocks… was ist das für ein großes Ding seitwärts? Es deckt eine ganze Wand. Leute sitzen davor — um die Mittagszeit.

Das ist ein fortlaufend bewegtes Börsenabbild, vier Meter hoch, die Mauer entlang.

Buchstabenabkürzung für Eisenbahnwerte, für die wichtigen Papiere sonst. Oberhalb dieser Metallbuchstaben stehn die (fortlaufenden) Kurse von gestern, in senkrechter Folge. Unterhalb der Metallbuchstaben die heutigen Kurse, fortlaufend, seit zehn Uhr. Mehrere Ferndrucker (Ferndrucker gibt es überall, mit kilometerlangen Papierstreifen, die sich rollen, in einen offenen Korb hineinsinken, wo man beliebig Langes herausholen kann)… wollte sagen: Ferndrucker zeigen die Kurse dauernd an. Boys schieben die Zahlen-Täflein sogleich unter die passenden Buchstaben an dem Wand-Abbild.

Also man sieht einen Extrakt der Börse mit ihren Schwankungen — ohne doch an der Börse zu sein… Davor sitzen auf Sesselreihen die Kunden.

XII

Ferndrucker überall. In einem Nebengemach arbeiten im Treffpunkt unendlicher Geräusche Männer rundum. Hier münden eigne Telegraphendrähte von San Francisco, Chicago, Cincinnati, Cleveland. Es kommen fortwährend Mitteilungen, Aufträge… Daneben sprechen mehrere operators mit direktem Draht zur Börse.

Die Streifen quellen und winden sich. Die Ticker knacken. Das »Phone« fragt. Tippende heischen Auskunft… Alle halbrund um ein Hufeisen. Die verschiedenen Lärmlaute mit Windsbrautwirbel durcheinander. Es ist ein Märchen aus dem Jahre 3000 — während Europa noch im Jahre 1922… nicht lebt, sondern vor dem Krieg gelebt hat.

Mein freundlicher und kluger Führer, der vorhin, als ein Kunde gemeldet war, bloß rief: »Put him in the next room!« »Nebenan stupsen!« — der Bankherr sagt mir, dass in London tausend Beamte für so einen Betrieb nötig wären, hier hundertdreißig… weil Gerätekraft Menschenkraft ersetzt.

XIII

Ich nehme das Mittagsfrühstück hoch oben, im Bankers Club. Ich sitze mit jemandem in der endlos langen Reihe der schweren Wandsessel. Wir trinken den Kaffee. Alles hier ist mammutlang. Der Klub liegt im vierzigsten Stock. Säle mit riesenhaft rechteckigen Säulen. Raumluxus. Der Eichensaal am mächtigsten. Was Elchhaftes… Beim Essen hat man den Blick über die Stadt mit Luftkratzern und Hafen. Alles zugleich ruhend und wild-phantastisch. Die Freiheit, das Erzbild, hebt sich tief unten grün und fern durch den Dampf der Schiffe.

Brausen über der Stadt. Mittagslicht in der hohen Luft. Seltsame Lebensstimmung…

Auch hier (man sieht es im Vorbeigehen, wenn man den Hut nimmt) quellen Streifen mit neuem Inhalt in den Korb.

XIV

Im Wallstreet-Viertel unten — ein Menschengestapf. Ein Füßegeström. Ein Gehaste.

Zwischen den Ätherkolossen.

Im Wallstreet-Viertel, im Schacht zwischen Enaksmauern, liegt jenes Kirchlein.

Ich sitze hier im Friedhofsgarten. Eine Rast im Rasestrom.

Betagtere Grabsteine. Viel kleine Mittagsmädel hocken zwischen hundert Jahr' alten Gräbern, auf Stufen, auf Bänken, und essen ihr Frühstück. Umtost vom Dröhngesumm des Geldblocks. Von der Wildheit nah hinschießenden Getümmels. Vom Gefauch einer schulterhoch ratternden Eisenbahn. In Brunnentiefe gleichsam, zwischen den Goliathsbauten.

Und auf der niedrigsten Seite, hinter dem Bahngerüst, guckt eine Universität auf den Friedhof; auch eine Warenbörse: der Curb Market.

Jedoch ein Stockwerk tiefer, unter der schulterhohen Eisenbahn, stehn in dem unteren Straßenzug Autos; Menschen eilen, Trams rollen. (Alles unterhalb, — denn der Kirchgarten liegt in der Höhe des ersten Stocks.)

XV

Die Mädels essen ihr Mittagsfrühstück zwischen den Grabsteinen.

Ich lese: »Hier liegt der Leichnam von Jonathan, dem Sohn von Jonathan und Ann Woodruff. Starb am 3. August 1748; acht Monat' und sechzehn Tage alt.«

Kerlchen! vieles blieb dir vorenthalten. Mein kleiner Michael ist schon älter als acht Monat'.

— »Hier liegt der Leichnam von Mrs. Hester Weyman, Gattin von Mr. William Weyman; die ihr Leben verlor am 4. Oktober 1760«… Sie schläft gut.

— »Dies Grab ist dem Andenken von Charles Stewart geweiht, der sein Leben ließ am 8. Mai 1819. Vierunddreißig Jahr' alt.«

Armer Bursche, was war schon 1819 los?! — Ich bin immerhin älter geworden. Möchte gern erst anno 5922 sterben.

Am Zaun des Totengartens strömen schwarze Wogen von Menschen, dunkle Meere von Menschen vorüber, vorüber, vorüber.

XVI

Vorüber…

W. AVERELL HARRIMAN

I

Ich sprach mit Mr. Harriman, dem Unternehmermagnaten. Er ist als Nachfolger und Erbe des Eisenbahnkönigs eine Wirtschaftsmacht. Sein Vater schuf den Stahlweg zum Stillen Meer. Gigantenwerk — bei Überwindung toller Abstände. Phantastisch alles.

Die letzte Wirkung davon erleben nicht wir, die wir heut atmen.

Wenn unser Flockenrest in der Urne träumt, dann schlägt vielleicht an der größten See dieses Erdballs, an der pazifischen, das Herz der Welt.

Ist es ein Traum?

Viele, nicht nur Kalifornier, glauben: dass der Schwerpunkt menschlichen Einflusses und irdischer Kraft einst von der Ostküste, wo New York ragt, hier hinübergleitet.

Paradiese winken da; doch nicht voll Sonnenfaulheit: sondern zum Platzen gefüllt mit Unternehmerkraft.

Dort lebt straffste Gier nach Neuschöpfung unter einem vergeuderisch übermütigen Himmel. Ein gar nicht absehbares Kompaniegeschäft von Wucherwuchs und Hirn.

Neue Male südlicher Schönheit und ausgeruhter Nordkraft können hier einst planetenbeherrschend leuchten.

New York, also die Gegenwart, ist für den Westen die Vorstufe. Phantasterei?

Das Erdzentrum wandert!

Harriman war ein Pionier für den Weg.

II

Der Erbe steht im dreißigsten Jahr. Er ist es, welcher die bis jetzt greifbarste Beziehung zu Deutschland auf wirtschaftlichem Felde schlug. Unweit vom Hafen, wo das Zollhaus steht, wo der Broadway endet oder anfängt, dehnen sich seine Räume. Dort, in einer Schreibstube wirkt er — nicht wie ein Gott mit feierlichem Zugang in gemessener Höhe; sondern ziviliter; ohne Fisematenten.

Europäisches Magnatentum, das immer fürchtet, sich Verzierungen abzustoßen, hat in Amerika nicht Platz. Harriman, ein gewinnender, schlichter Mensch, zeigt nichts, was an ein Monokel erinnert…

Seine Menschenschiffe und Frachtschiffe laufen heut vom Hudson zur Elbe. Der Sohn vervollständigt also den Weg zum Stillen Ozean — vom Sitz der alten, jetzt auf der Kippe stehenden Welt.

III

Harriman hofft von der Verbindung mit Deutschland Gutes für beide Teile. Handelsbeziehungen! Harriman weiß: in seinem reichen Land herrscht so viel Überschuss, ja Verschwendung, dass ein Ablenken und Verwerten zum Aufbau Europas das Gegebene wird.

Die kleine Krisis Amerikas, Arbeitsmangel, kann sich verringern, wenn die Brücke zu Ländern geschlagen wird — die darauf warten. Er hat einen der Anfänge gemacht.

Es kostet Mut… noch in diesem Zeitpunkt. Ich sagte zwar, dass die Stimmung für Deutschland günstiger geworden ist (viele schimpfen hier auf die Politik Frankreichs) — aber die Annäherung braucht ein gewisses Maß von Willenskraft…

IV

Wiederum sah ich in einem Wirtschaftsherrscher keinen Fachmenschen. Das bartlose, dunkeläugige Gesicht über dem blauen Anzug, mit einem sinnenden, fast schüchternen Zug, gehörte nicht einem Berufsfanatiker.

In diesem Lande, wo alles rapid geht, haben die maßgebenden Leute fast immer Zeit zu geschäftsfernem, ruhigem, unnervösem Plaudern.

Dass mich das Neue der Neuen Welt anzieht… , darüber wundert sich Mr. Harriman mit einem fast sehnsüchtigen Ausdruck. Ganz leuchtet ihm das nicht ein, weil er an Europa wohl justament vom Alten, Moosbewachsenen, Patinierten gelockt wird; von der länger durchwitterten Vergangenheit.

Er kennt Berlin. Reist gern. Lebt am liebsten auf seinem Landsitz. Es wird einem jetzt nur so schwer gemacht, findet er, hinauszukommen. Steigerung des Getümmels! Manhattan ist ja ein Eiland. Der Raum wächst also nicht — aber die Bevölkerung.

(Bekannte Tatsache, dass die reichsten Leute New Yorks jetzt mit der Subway fahren, weil die Fülle der Autos den Weg sperrt…)

Es entstehen pro Jahr hier eine Million Automobile. Bei Herrn Ford wird — man lache nicht — alle vier Minuten ein Auto fertig. Der gebrauchte Ford-Wagen kostet hundertundfünfzig Dollars… also nach Friedensrechnung sechshundert Mark. Ein Nichts.

Ich dachte: bald hat ein New Yorker, wie er heut Stiefel besitzt, als einfachste Grundlage der Bewegung sein Flugzeug…

V

Harriman sprach zu mir von Dingen der Kunst. Das tun sie drüben gern. Er liebt New Yorks Architektur der letzten fünfzehn Jahre. Vorher Geschaffenes lehnt er sensitiv ab. Mit Recht.

Auch in der Fünften Avenue sondert sein Empfinden wählerisch das Edle vom fast Echten.

Ein feiner Mensch unsres Schlages. Europäer haben von Amerikas Häuptlingen einen grundfalschen Begriff. Zwar Pierpont Morgan war stiernackig, dickschrötig, brutal in der äußeren Wesenheit. Heut aber wächst in New York ein Nervengeschlecht heran; unsre Vettern. Dabei voll physiologischer Frische.

Ja, und immer haben diese Menschen, durch deren Hirn tausend hastende Pläne ziehn, zwischendurch Zeit zum Unterhalten. Das Tempo der Stadt ist märchenflink — aber die Beschäftigtsten, Wichtigsten, Einflussreichsten reden lächelnd und still von ganz Entlegenem: als ruhte die Welt. Als ginge nichts außer diesem Gespräch sie an.

Dahinter steckt oft ein Wunsch: eine Zugvogelstimmung; ein Idealismus.

Die Prominentesten hier sind allemal das Gegenteil von dem, was man sich unter Businessman vorstellt.

VI

Harriman hat in dem Deutschböhmen Emil Lederer, dem alten Freund Ballins, einen wertvollen Mitarbeiter. Der seit früher Jugend amerikanisierte Lederer (weitläufig verwandt mit dem prachtvollen Hugo, welcher das Bismarck-Denkmal für Hamburg schuf) ist in zwei Welten zu Haus, zwischen beiden der Verbindungsoffizier und ein glänzender Organisator.

… Mit wem einer auch in New York redet: alle hier sagen, dass der Ausweg aus dem deutschen Übel nicht politisch, sondern wirtschaftlich zu finden ist.

Darüber spricht bei ganz andrer Gelegenheit der Premierminister des Eisenbahnkönigs, schon Großwesir des alten Harriman, lange mit mir, — Mr. Sickel. Welches sind heute die Möglichkeiten der Annäherung?

Sickel sieht ähnlich aus wie Woodrow Wilson. Ein Fünfziger, hoch und schlank. Mildes Denkergesicht.

Der Sachwalter ungeheurer Dinge hat den Ausdruck eines Gelehrten.

Mir war es eine Freude zu sehn, wie seine Frau und er gefühlsmäßig für Deutschland eintraten. Im Gespräch mit dem Präsidenten der Technischen Hochschule von Pittsburgh, welcher den deutschen Namen Mr. Hammerschlag führt, aber die schlimmsten Torheiten der französischen Politik billigt, kam es zwischen den beiden Damen zu einem dramatischen Auftritt, hart gegen hart. Mir wurde bei dem siegreichen Eifer der Ministergattin ganz warm ums Herz.

VII

Auch Sickel ist gewiß, dass jetzt kein Hass gegen uns mehr besteht. Aber doppelt und dreifach tut eines not: Geduld. Nichts überstürzen! die Dinge nicht puffen! nicht ein langsam von Tau und Regen sich sammelndes Wasser verschütten! Nur das nicht.

Was heut in Amerika fühlbar wird, ist ja bloß ein Aufhören der Feindschaft. Nicht geweckt ist eine Stimmung, die sich zur Hilfstat entschließt.

Amerika, sagt er, beobachtet die deutschen Zustände genauer, als wir meinen — an eine deutsche Bolschewistengefahr glaubt man drüben nicht mehr.

Deutschland sei jedoch in gefährlicher Lage, da jeder Kurs hochklettert, und ein Krach möglich ist…

Die Bedingungen für Deutschland können besser werden, weil der gallische Gegner sich selbst isoliert…

Alanson Houghton, der neue Botschafter, sei verständnisvoll und willig. Der denkbar beste Mann für diesen Platz. An ihm werde nichts scheitern. (Mr. Houghton, der Glasfabrikant, hat in Wahrheit schon wegen seines freundschaftlichen Verhältnisses zur thüringischen Industrie gewiss nichts gegen uns.)

Kurz: alles hänge heut an zwei Punkten. Erstens: Understanding in Amerika. Zweitens: Geduld in Deutschland.

Das Grundverhältnis der zwei Länder sei zukunftsvoll.

Ich war ihm dankbar — und doch nicht getröstet.

VIII

Ich sprach mit einem Großindustriellen aus Cleveland, der jetzt in Atlantic City haust. Ein gesättigt zurückgezogener, idealistischer Mann; abermals vom Gelehrtentyp. Seine volkswirtschaftlichen Bemühungen haben diesem reichen Praktiker einen Namen gemacht. Der Vater des Mr. Wuest kam 1832 aus Deutschland. Er selbst, Mitte der Sechzig, Großingenieur, vormals mit Fabrikwerken in Cincinnati und Cleveland, hat, als er genug besaß, gleich dem Dichter Walt Whitman »seinen Stuhl vor die Tür gerückt, nun die Leute zu betrachten«.

… Ich bekam von dem eisgrauen Mann mit dem mächtigen Kopf und einem machtlosen, durch Schlaganfall gelähmten Bein einen menschlich sehr starken Eindruck.

Auch er widerspricht in jedem Punkte dem blödsinnigen Bild, das viele sich vom »Dollarjäger« machen.

Ach, vielleicht ist man drüben philanthropischer als bei uns.

Mr. Wuest gab für eine ökonomische Zeitschrift mit seinen Besserungsvorschlägen jedes Jahr zweiunddreißig Millionen Mark her. Am Lebensabend hat er aus Gefühlsgründen (»sentimental reasons«) jene Ländereien gekauft, in deren Umkreis er die Kindheit verbrachte — nur um sie vor Ausschlachtung zu schützen. Eine alte Dame bewarb sich um dies Gelände für den Bau von Arbeiterheimstätten. Er gab's ihr… mit einer Klausel gegen Verschacherung. Sie verbaute bis jetzt für Wohlfahrtszwecke dort dreißig Millionen Dollars. Also zweihundertvierzig Milliarden Mark; sie besitzt vierhundertachtzig. Die Frau ist alt — und opfert die Hälfte ihres Vermögens.

(Ja, wir haben den Witzblattstandpunkt gegen einen von Europäern erdichteten Yankee; das »Understanding« muss auch bei uns beginnen.)

IX

Mr. Rob. Wuest hat vor dem Hilfsplan des Bankiers Vanderlip hohe Achtung. Frank Vanderlip sei ein ernster, tüchtiger, ja hervorragender und (hier das Entscheidende!) nicht selbstsüchtiger Helfer.

Er könne großen Anhang in Amerika finden. Dort sei »mancher Otto H. Kahn« gewillt, Millionen Dollars herzuleihen. Fehlt nur ein Sammelpunkt für gemeinsames Handeln.

Es geht von diesem alten Mann, dem alle bloßen Schieber und Geldhyänen ein Greuel sind, etwas Gütiges, Überzeugendes aus. Einer von denen ist er, welchen die Kraft innewohnt, hinauszudenken über das bisschen Selbst. Sie wollen die Erde nicht verlassen ohne das aufrichtende Gefühl erfüllter Menschenpflicht — im schwersten Zeitpunkt.

X

Den eignen Plan, an dem er arbeitet, in der Wirkung zu übersehen, vermag ich nicht. Er beruht auf der Gewissheit, dass weit mehr deutsches Geld in den Vereinigten Staaten ist, als angenommen wird. Mr. Wuest schätzt es auf zwischen fünfzig und hundert Millionen Dollars. (Auch in andren Ländern sei noch viel deutsches Geld.)

Kern seines Vorschlags ist also: die deutsche Regierung solle jeden Tausendmarkschein stempeln — mit der Verfügung, dass er fortab sehr viel weniger gilt...

Von innen leuchtend, das gelähmte Bein lang ausgestreckt, sprach er zu mir, der ihn nie gekannt hatte, mit einer Hingebung, als stünde sein Eigenstes auf dem Spiel.

Auch er ist ein Vertreter dieses Lands. Amerika hat Herzen und Köpfe solcher Art, von denen wir nicht genug wissen.

XI

Als der deutsche Konsul Kraßke mich zum Frühstück einlud (wir schmausten köstlich in einer fast hanseatischen Kneipe des Schifferviertels), hat er mir in jedem Fall bestätigt, dass eine Lawine von Handelsverbindungen jetzt, nach dem Friedensschluss, das Konsulat überdonnert. Alles hat sich lange gestaut. Monatlich fünftausend Briefe — bei einem Stab von achtundzwanzig Beamten; dass D'a Fraid' hast!...

XII

Also deutschfeindlich ist hier die Stimmung nicht mehr. (Der
Marschall Joseph Joffre kam jetzt an, wurde mit einem Festmahl
in meinem Hotel gefeiert, Wall Street hat viele Trikoloren gehisst
— jedoch der Bürgermeister John Francis Hylan gab ihm einen
Rüffel. Nahm kein Blatt vor den Mund… wider Frankreichs frie-
denstörende Haltung.)

Ich bin heute noch voll Zuversicht.

Ich glaube nach wie vor an Amerika. Nur, nur, nur an Amerika.

XIII

Die Nordpolentdecker, die Flugzeugerfinder, die Kriegstopper müssen uns helfen, — aus einer sehr irdischen… und aus einer himmlischen Ursache.

Aus dem nüchternen Grund ihres Geschäftsmangels. Zweitens aber
(das unterschätzt nicht länger!) aus Gründen eines moralischen, ka-
tegorischen Imperativs.

Man lässt ein hochstehendes, unersetzbares Volk, man lässt einen
Erdteil nicht verfaulen.

Ich hoffe. Ich glaube. Ich weiß.

AMERIKA-DEUTSCHTUM

I

Die Professoren der Sektion für deutsche Literatur an der Columbia-Universität haben mich durch eine Einladung tief erfreut und geehrt. Es war ein Essen im Faculty Club auf dem umwehten Hochschulhügel. Nach dem heißen Tag hauchte vom Hudson frischere Luft.

Ich stieg den »Campus« der Universität hinan; danach die paar Freistufen eines Backsteinbaues. Hier standen in der Kühle des großen, fast klösterlich zurückgezogenen, vielfältigen Anwesens wertvolle, mir damals noch unbekannte Menschen.

Der Abend bleibt mir eingedenk. Es war ein herrliches, herzliches Beisammensein.

II

Professor Dr. Fife, Amerikaner aus Virginia, der Deutsch vollendet spricht, steht an der Spitze dieser Abteilung. Neben ihm wirkt Professor Heuser, der als Kind aus Deutschland kam. Ich nenne von denen, die am Tisch saßen, Professor Braun, Professor Schuster und (nicht nur durch seine Indianerforschungen berühmt, sondern wegen des großen Hilfswerks für Deutschland verehrungswürdig) Professor Boas; aus Westfalen.

Wenige Tage zuvor hatte Professor von Klenze mir erzählt, dass (O Balsam für einen Schriftsteller!) am New Yorker City College die sieben Bände meines Werks *Die Welt im Drama* und *Die Welt im Licht* für die Studenten eingeführt seien.

Ich spreche von alledem… Erstens, weil es mich beglückt hat (»o lasst uns wahr sein, vielgeliebte Freunde!« sagt Franz Grillparzer). Zweitens, weil nicht ein zufälliges Ich, sondern überhaupt etwas Deutsches hier Gegenstand ist.

Drittens: weil aus der Berührung manches über das Amerika-Deutschtum zu erkennen blieb.

III

Von jener strotzenden Fülle der Studiosenschaft, die sich vor 1914 im »Department of Germanic Languages« um deutsche Werte bemüht, ist nur ein trüber Rest geblieben. Auch hier hat der Krieg fast alles zerstört.

Wie war das möglich? Bis zur Lusitaniaversenkung, bis 1917 ging es. In Provinzschulen war Deutsch Unterrichtsfach. Jetzt reisten aber, von einem New Yorker Bund betraut, Sendlinge herum, auch Frauensbilder, — und forderten Abstellung. Von einem Tag zum andern hörte der Unterricht im Deutschen auf. (Dafür wird heute Spanisch gelehrt... Vorbei!)

Was im Krieg mancher geistig hochstehende Deutschamerikaner gelitten hat; von welcher seelischen Drangsal sie gepeinigt wurden: davon wissen wir nicht genug. Schon vorher, ja seit zwanzig Jahren haben England und Frankreich gegen die Deutschen Amerikas dort Propaganda gemacht.

»Der Wagen brauchte nur glatt einzurollen — die Tür stand auf«, sagte mir (prachtvoll, klug, frisch) Frau von Klenze.

Wir selber taten, was wir zu oft getan: schlummerten... oder begingen Taktfehler. (Parole: »Zu lau — oder zu laut«.)

Heute lässt sich das Rad nicht wenden.

IV

Der Amerikaner Dr. Henderson hat eine zweibändige Geschichte Deutschlands verfasst. Sie ging bis 1914. Er schreibt jetzt, auf Ersuchen, die Fortsetzung. Seine Frau (seit einem Menschenalter lebt sie drüben, ihre Schwester ist Marie von Bunsen) erzählt mir, dass Deutsche sich im Krieg plötzlich als Schweizer oder Skandinavier ausgaben. Es war eine Brotfrage — denn Diener, Gärtner bekamen als Deutsche nicht Stellung. (Andren ging es durchaus leidlich... wie mir ein schlauer Steward erzählt, welcher bei Kriegsausbruch drüben — das ist sein Wort — »strandete«. Dieser Mann aus Hamburg fuhr in die Mittelstaaten, trat fix in eine Freimaurerloge, hielt sich zur Bruderschaft... und blieb, bis auf Daumenabdruck und Lichtbild, ganz unbehelligt. Nicht nur er.)

Die feine Enkelin des verblichenen Josias von Bunsen weiß, dass bis zum Lusitania-Jahr die Stimmung erträglich stand. Da erst brach es los... Heut ist zwar der Groll ruhig — doch leben die Deutschen Amerikas, meint sie, »wie auf einer Insel«... Die Kinder fühlen rein amerikanisch. Und die Enkel erst! »Man kann ihnen da nicht dreinreden.«

Sie kamen ja schon drüben zur Welt.

V

Innerhalb amerikanischer Familien gab es Zwiespalt. Mr. Dresel, bis vor kurzem Geschäftsträger in Berlin, löste den gemeinsamen Haushalt mit seiner Schwester,... denn der Bruder war englisch gesinnt, die Schwester mehr deutsch. Es litt sie nicht zusammen. Dresel, der in Berlin bei Tisch manches Mal neben mir saß, spricht Deutsch wie ein Deutscher — und stand sogar zu vielen amerikanischen Kulturerscheinungen sehr kritisch... Über den furchtbaren James W. Gerard, vormals Botschafter an der Spree, ist kein Wort zu verlieren.

Aber auch David Hill, einer von seinen Vorgängern — ich rühmte sein Buch (im *Pan*), das Übereinstimmung der politischen Moral mit der Moral jedes Privatmannes fordert, — auch Hill war der deutschen Sache nicht wohlgesinnt. Wer war es nach 1917?

Pfälzer aus Kalifornien, Holsteiner aus Long Island erzählen mir von den Schrecknissen, die man bei dem Tun der Papen, Boy-Ed, Dr. Albert durchgemacht. Hier empfing das Deutschtum, sagen sie, die stärkste Schädigung, — für immer.

VI

Also die Qual für manchen Deutschen lag nicht in äußerer Gewalt. Nicht im Einsperren oder Bewachen. (Überwachung war ja auch bei uns; kerndeutsche Berlinerinnen, die Engländer geheiratet hatten, in Schwalbach vom Krieg überrascht wurden, sogar für unser Rotes Kreuz arbeiteten, — die mussten in Berlin zweimal wöchentlich auf die Polizei; Krieg ist Krieg!)

Die Qual steckte tiefer. Eingewanderte, prodeutsch in Wort und Schrift wirkend, sahen ihre Söhne sich als Kämpfer freiwillig wider Deutschland melden. Missbilligen konnten sie's nicht — nach dem verworrenen, unsren Erdball noch beherrschenden Wildenbrauch: Krieg ist Krieg.

VII

Heut ist in Amerika die Lage so: Die reichen, gebildeten, ehrgeizigen Familien gleiten vom Deutschtum ab. Also die einflussstärksten. Ihre Söhne sind in scharfbeachteten Stellungen, ihre Töchter oft mit Amerikanern verheiratet. Wer als Deutscher gesellschaftlich strebt, hält seine Kinder nicht mehr ab, stockamerikanisch zu sein. Und die Deutschen hier verdenken's ihnen kaum.

Ein deutscher Gastwirt aus Los Angeles, geborener Berliner, sagt mir: »Keiner will bei uns Deutscher sein. Vorher, — na!«

Es will auch keiner zurück. Warum? Der Bergedorfer, in Florida sesshaft, ehemals Korpsstudent, sagt mir: »Die Deutschen bei uns haben das Assessorentum satt, — ihnen graut vor Beamten, die oft gut aussehen und fesch sind und distant, aber nicht fähig. Wo also der Norddeutsche höhnisch denkt: Ecken vergolden!«

Keiner lässt sich das gefallen, der einmal drüben war.

Keiner will zurück — schon aus wirtschaftlichem Grunde. Der Webereiarbeiter (das sagt mir ein gebildeter Manufacturer aus Philadelphia, hessischen Ursprungs) — der gute Webereiarbeiter verdient wöchentlich bis hundertfünfundzwanzig Dollars; freilich nur in Ausnahmefällen. Das sind pro Jahr achtundvierzig Millionen Mark…

Denkt er an die Heimkehr?

VIII

Von hundert Amerikadeutschen sind fünfundachtzig aus der schlichtesten Klasse. Von diesen kleinen Leuten ist vorläufig nur ein geringer Satz bewusst sozialistisch. Der größere Teil ist… rührend erfüllt von gewissen Erinnerungen an die Heimat — und um zehn Jahre hinter der Gegenwart zurück. Monarchentreu in dem Sinn, dass Familienfeste deutscher Fürsten etwas fürs Gemüt sind… Ein Schwarm, der halt ohne viel Begründung am Gewohnten hängt. Oft liebe Menschen.

Einheitlichkeit (darin sind sie deutsche Politiker) ist nicht ihre Tugend. Zum Exempel: Deutschamerikaner haben die »Steuben-Society« zur Förderung des Deutschtums gegründet. Eine Abordnung begibt sich zum Präsidenten Warren Harding und empfiehlt für ein diplomatisches Amt Herrn Pontius. Schön. Der Präsident staunt, als kurz danach eine andre Abordnung derselben Steuben-

Society Herrn Pilatus empfiehlt… Einigkeit macht stark. Sinnbild deutscher Politik.

Trotzdem ist Hoffnung, dass ein deutscher Zusammenschluss drüben in gewissem Grade Gutes wirkt. Allerdings wurden bei Gustav Frenssens Vortrag in New York bloß vierhundert Plätze (von siebenhundert) verkauft. Peinliches Verhältnis zur Kopfzahl.

Wie trüb es heute mit Geldsammlungen aussieht, hat wahrheitsgemäß Herr Miller, Redakteur der *New Yorker Staatszeitung*, sogar in einem rechtsstehenden deutschen Blatt mitgeteilt… Ist es zu verwundern? Die Amerikadeutschen selbst wehren sich langsam gegen die würdelos gewordene, von Deutschland aus betriebene Bettelei. Es geht in die Puppen — ohne Geschmack noch Selbstachtung.

Man hätte dort mehr für uns übrig, wenn wir stolzer wären.

IX

Der Krieg hat aus zwei deutschen Blättern New Yorks, *Staatszeitung* und *Herold*, eines gemacht; sie sind verschmolzen. Ihre Auflage beträgt hundertzwanzigtausend; die Auflage des deutsch-sozialistischen Blattes achtzehntausend.

Die zwei vereinten Blätter halten den Sinn für das entschwundene Vaterland wach. Ihre alten und neuen Freunde — Hirsch, Weil, Miller, Schmitz — hatten kein leichtes Amt. Die eng zugehörige Familie Ridder, jetzt mit dem Organisator Arnold verbündet, wirkt seit Geschlechtern drüben für alles, was deutsch ist. Bernhard Ridder schrieb in der Kampfzeit Aufsätze zur Verständigung. Der jüngste Bruder, Viktor Ridder, ist mit Hingebung ein Helfer für den deutschen Gedanken; unter ihm arbeitet ein ganzer Ausschuss.

Was der begabte Poet G. S. Viereck für das Deutschtum getan hat, war nicht fördersam. Sein Ton hat Feindseligkeit erzielt. Aus allen Verbänden amerikanischer Blätter flog er hinaus… Er wird's tragen.

Unter diesen angloamerikanischen Zeitungen sind (um nur einige zu nennen) die Hearstschen Blätter uns nicht abgünstig. Auch der *New York Herald* heute nicht. Von Wochenschriften vollends die (liberale) *Nation*. Diese gibt Herr Villard ganz uneigennützig heraus, der Sohn des Eisenbahngründers aus Worms. Villard hat die (literarisch wichtige) *Evening Post* veräußert — weil sie ihm zu konservativ geworden ist.

X

Kritiker der *Nation* und einer der angesehensten Kritiker Amerikas ist der Übersetzer von Gerhart Hauptmanns Werken, Professor Dr. Ludwig Lewisohn.

Dieser Mann — den man hier Loïson ausspricht — bleibt neben dem prachtvollen Henry Louis Mencken (dessen Großvater aus Leipzig nach Baltimore zog) ein rabiatester Kämpfer für das Deutschtum.

Ludwig Lewisohn war Professor an einem College der Mittelstaaten — und musste wegen seiner stramm deutschfreundlichen Haltung aus dem Amt. Es gab ein Verhör… zumal als er den Satz drucken ließ, Nietzsche sei doch einer der größten Prosaiker.

Der Professor kam als Kind aus Deutschland mit den Eltern in die Südstaaten. Dieser Jude vergöttert die Dichtung seiner dämmrig verlorenen Heimat.

Er saß dann im sogenannten Mittelwesten.

Der Schrei gegen die »Huns« wird ihm widerlich. Ein ehrlicher Geist bellt und rebellt. Der Propagandafilm *The Beast of Berlin* ekelt ihn an. Er gewahrt, parteilos, die Kriegserbärmlichkeit bei allen. Auch in der Hungerblockade.

Kurz: als er den einseitig-ungerechten Hexensabbat gegen Deutschland nicht mitmachen will, muss er weg. (Sein deutscher Universitätsgenosse war eben mit einer kranken Frau und drei Kindern auf die Straße geflogen, ging nach Mexiko, starb dort im Elend.)

XI

Das jetzt erschienene Buch *Up Stream*, worin der Hauptmann-Übersetzer mitteilt, was er als Deutscher und als Jude wechselweis erleben durfte, hat nicht bloß die Deutschamerikaner nachdenklich gestimmt. Ludwig Lewisohn weist hier schäumend auf »the Judas trick of Versailles«.

Er kämpft auch gegen den neuen Nationwillen Amerikas. Und gegen einen Puritanismus, der hintenrum zu Negerhuren schleicht. Und gegen Jazz. Und, offenbar weil seine Väter in Deutschland saßen, gegen das Trinkverbot.

Ich denke von den Amerikanern anders, — er haust ihnen zu nah; er sieht zu viel Einzelheiten statt des grandiosen Umrisses…

Was tut's? Man fühlt einen ernsten, hochstehenden Menschen, der taktische Fehler vielleicht begeht — aber nicht duckt.

(Menckens erfrischende Kulturarbeit wird noch betrachtet.)

XII

Ein innerer Umschwung vollzieht sich. Amerika war vor dem Krieg nur ein Land… und ist infolge des Kriegs eine Nation.

Der treffliche Professor Frank Mankiewicz, Lehrer an der High School, ein Deutscher, der bald vier Jahrzehnte dort lebt, klagt mir über die Veränderung: seit Amerika durchaus Nation werden will.

Vormals konnte dort jeder sein, was er war; auch Deutscher; heut muss er seelisch die Uniform tragen. Die Folge sind komische mimicry-Versuche von Deutschen. Haltlos und haltungslos.

Mancher hat mir Ähnliches gesagt.

XIII

Die Stimmung in Amerika ist heut ohne Hass. Der neue Beginn bessert Einzelnes. Doch er kann (nach allem, was vertan ist) für uns die alte Lage nicht wiederbringen.

Es war einmal… Und es fragt sich, ob diese Entwicklung zu verwundern ist.

Denn auf andrem Blatte steht: ob die Amerikaner nicht berechtigt sind, von Eingewanderten das zu fordern, was wir von Polen, Dänen, Lothringern stets gefordert haben. (Oder, je nachdem: ob wir berechtigt waren, es zu fordern.)

XIV

Auf andrem Blatte wieder steht: ob die wahrhaft großen Verdienste deutscher Mitarbeit in Amerika stärker hervorzuheben sind, als wir den Einschlag fremden Blutes in unsrer Kultur hervorheben — in dem slawisch durchspickten, gallisch beeinflussten Norddeutschland, wo noch eine Königin Luise Französisch an Deutsche schreibt. Dürers Familie kam aus Ungarn, Kants aus Schottland, Beethovens aus Belgien, und Goethes Haar war nicht blond… Betonen wir das? O Menschen! Menschen!

XV

Gleichviel. Dies mag ein »zu weites Feld« sein. Auch mag unsre Landsmannschaft jenseits des Meeres vorübergehend sich sammeln, sich raffen, — und hunderttausend gute Wünsche fliegen aus vollem Herzen ihr zu. Der offenmütige Betrachter langer Zeiträume macht sich dennoch nichts vor.

Sicher ist bei alledem eins: der infame, schicksalsverdammte, »frisch-fröhliche« Weltkrieg brach — neben allem, was er sonst verschuldet — auch dem Deutschtum in Amerika das Genick.

*

Nachschrift. Als dieser Essay zuerst erschienen war, knüpfte daran die *New York Tribune* (3. Juli 1922, Beitrag von Maerker-Branden) zutreffende Fragen und Betrachtungen. Ich möchte nicht zweifelhaft lassen, welche Möglichkeit für die Amerikadeutschen ich als ehrlicher Mensch erblicke:

Sie können dort keinen Staat im Staate bilden. Sie selber werden das nicht wollen. Sie werden, selbstverständlich, Amerikaner sein.

Aber sie können die Erinnerung an die alte Heimat hochhalten. (Wie die französischen Kolonisten in Berlin.) Sie können das stolze Wort beherzigen: »Wohl dem, der seiner Väter gern gedenkt«. Und sie können das Verhältnis zwischen Deutschland und Amerika bessern helfen. Das ist es.

Sie müssen klar die Scheidung machen: zwischen dem hohen Werte des deutschen Volks… und dem geringen Wert seiner vormaligen Führer.

Deren Fehler brauchen sie nicht zu verteidigen — oder gar zu verantworten. Vollends den »Kaiserismus« müssen sie endlich zum Schutt werfen. Sie sind zu gut dafür.

ADOLPH S. OCHS

I

Gestern sprach ich stundenlang mit einem Mann, dessen Stellung hier so einzig geartet ist wie seine Laufbahn.

Und obgleich er vormals ein politischer Gegner war, brachte mir das Zusammensein menschlich ein Entzücken.

II

New York ist nicht Amerika — doch seine wichtigste Stadt. Die *New York Times* ist eine der wichtigsten Zeitungen dieser Stadt. Adolph S. Ochs ist… die *New York Times*.

Das Magnetische des vierundsechzigjährigen Mannes liegt nicht in der Tatsache selbst. Sondern in der Art, wie er dazu gekommen ist.

Ein phantastischer Aufstieg. Spät und rasch. Hier hat kein Zärtling seine Stellung empfangen — sondern ein Willensmensch (mit dem Funken im Hirn) sie gemacht. Dabei vor allem ein anmutiger Mensch; der reizendste ältere Herr, den ich kenne.

III

Mit elf Jahren Zeitungsausträger in einer Kleinstadt des Südens: Chattanooga. Dann Setzerbursche. Mit zwanzig Jahren Inhaber des Käseblatts *The Chattanooga Times* — das er mit gepumpten zweihundertfünfzig Dollars erstand, bei Übernahme von fünfzehnhundert Dollars Schulden.

Wer an Persönlichkeiten in das Nest kam, war sein Gast. Er galt in der mittelsüdlichen Gegend als hellster Mann. Selbst Bischöfe schwärmten für ihn. (Es lebt halt in Amerika viel gradherzige Neigung, Tüchtiges anzuerkennen, — auch der Hass ist bei diesem genialen Jugendvolk noch nicht so hintersinnig wie bei durchgereiften Kulturvölkern…)

Der Präsident in Washington selber wünschte für den Besitzer des Blattl's ein weiteres Feld als Chattanooga-Krähwinkel. (Flaubert verlangt für solche Könner, wie er's nennt, »une cage plus vaste«). Adolph ging bald auf die Vierzig, als man ihn nach New York holte. Denn die große New Yorker *Times* pfiff auf dem letzten Loch.

Der Mann aus Chattanooga besaß mehr Tüchtigkeit als Geld. Andre brachten es auf. Er selber kratzte für sich fünfundsiebzigtausend meist geborgte Dollars zusammen. Mit diesem bescheidenen Anteilpfennig war er doch unumschränkt in der Leitung des zusammengebrochenen Blattes.

Acht Jahre nach seinem Eintritt musste man einen Wolkenkratzer dafür bauen… (Das »Times Building«.)

IV

Ochs ist heut Oberherr der *Times*; das »Times Building« ein nicht wegzudenkendes Merkzeichen New Yorks. Kurzerhand übertrug man hier Giottos florentiner Glockenturm in den Stil der neuen Welt: schmal, steil, riesenhoch…

Nicht nur ein ausschweifend ragendes, sondern ein gestuftes und feineres Denkmal der wichtigen Tagschreiberei hob sich. Der »Times Square« trägt nach ihm den Namen. Eine zuvor belanglose Stelle des Broadway wurde geschichtlich. Ein Symbol stand.

Aber der Turm war zu klein. Schrägüber das Massiv mit einem Dutzend Stockwerken kam dazu, — »The Times Annex«.

V

Als Mr. Ochs mit mir durch Tiefen und Höhen seines Gebiets ging und fuhr, gestand er mit einer gewinnend offenmütigen Art, aber mit ernstem Blick, wie »fascinating« für ihn dieses ganze Werk sei. Er ist hier täglich seit einem Vierteljahrhundert — wenn er nicht zum Luftschöpfen reist. (Zuletzt nach Ägypten; nach dem Heiligen Land; nach Paris, wo er seinen alten Spezi Georges Clemenceau traf… und sich über die Veränderung der Stadt wunderte.)

Wir fuhren in den tiefsten Keller und in den obersten Lichtraum. Dieser Annex hegt zyklopische Dinge. Alles scheint hier vervielfacht. Grüngleißender, fast schmerzender Blendglanz… zwischen Eisenrädern, Walzen, Blitzübertragungen. Über breit-endlosen Papierschlangen — die propellerflink hinflitzen. Wie Schwärme von Ventilatoren schwirrt es. Gefaltete Nummern klettern durch ganze Stockwerke fertig empor, an einer schrägen, fast senkrechten Drahtgitterbahn… hinauf, durch die Decke, wieder durch die Decken. Jedes fertige Stück liegt auf dem vorigen halbschräg, eins etwas höher als das andre; jedes soundsovielte liegt mehr seitlich, wegen der Abzahlung. Sie steigen, steigen, steigen…

Maschinenmirakel in andren Räumen. Taifun-Gebraus. Das ganze, tolle, verschmitzte, systemstarke Tohuwabohu wird magisch hinreißend.

VI

Er fuhr mit mir in die Klüfte des Hauses; wieder empor in einen leeren Mammutsaal: social room; groß wie eine Kaiserpfalz in Goslar. Zwischendurch vorbei an tobenden Faltmaschinen. Ich sah Rotogravür-Ungeheuer in flimmernder Hast. (So eine Tiefdruckpresse für Bilder war zuerst in Deutschland gebaut; jetzt macht man sie drüben.)

Märchenmänner in verhexten Sälen, hastend, wischend, greifend, lenkend, richtend. Maschinen, wieder Maschinen, kaum noch übersehbar. Sausendschwindlige Rapidheit.

Ochs hat in seinem Haus Geräte, die binnen Stundenfrist dreihundertfünfzigtausend dicke Nummern aus der Pistole schießen — in einer Stunde. Wochentags an mancher vierzigseitigen Ausgabe hat man zu schleppen.

Was enthält sie? (Im Querschnitt.)

VII

Vierzig Goliathseiten. Seite eins (nur das Technische betrachtet): Ein Kabel aus Irland. (Die Nachrichten mit »copyright«.) Gerichtsverhandlungen; Scheidungen aus Amerika. — Tödlicher Unfall aus der Gesellschaft. — Selbstmord eines Amerikaners in Paris. — Streiks. — Neue Sowjetverträge. — Endlose Kabelspalten. — Kein Inserat.

Seite zwei: Riesenkabel aus Frankreich; politisch. — Schiffsrekorde, drahtlos aus London. — Scheidung, aus Baltimore. — Amerika-Politik. — Ein Schuss. (Wenig Inserate.)

Seite drei: Blitzmeldungen aus Tientsin. Aus Peking. — Kansas. —

Boston. — Kabel: ein Amerikaner in Mainz verwundet. — Gewerkschaften. — (Mehr Inserate, neben dem Text.)

Seite vier: Immer mehr Inserate. Politik aus Amerika… Seite fünf: Erregendes aus dem Alltag; sechs Spalten Inserate — nur zwei Spalten Text… Seite sechs: Ansprache des Bankiers Otto H. Kahn im Konzert; (sechs Spalten Inserate)… Seite sieben: Rede eines Achtzigjährigen über die Zunahme der Verbrechen seit dem Krieg; (sechs Spalten Inserate)…

Seite acht: Steuern; Sterbefälle; Prozesse; (sechs Spalten Inserate)… Seite neun: bloß eine Spalte Text; acht Spalten Inserate. Feuer; Einbruch. Seite zehn, elf, zwölf: Soziales; fast nur Inserate… Seite dreizehn: bloß Inserate. Vierzehn bis siebzehn: Sport; eine Zeile Text; fast nur Inserate.

Jetzt erst, auf Seite achtzehn, beginnt — statt der Nachrichten — allerhand Betrachtendes über sie… Seite neunzehn: Todesanzeigen; Soziales, Inserate… Seite zwanzig: Verlorenes, Gefundenes; Inserate, Inserate.

Doch Seite einundzwanzig, also neues Deckblatt der Vierzigseitennummer: kein Inserat. Erst auf Seite zweiundzwanzig beginnt… die Theaterkritik — (und Inserate, Inserate).

Zehn Riesenseiten Handelsteil; Baumarkt; Rieseninserate — bis Seite vierzig; über Schiffsnachrichten weg, lauter Inserate, Inserate, Inserate.

(Sonntags prachtvolle Beilagen. Künstlerisch-ernsthaft; literarisch, mit Bildern. Kostbar ausgestattet. Pfundschwer. Technisch grandios…)

VIII

Der grauhaarige Jüngling mit amerikanisch dicken Brauen, zurückgekämmtem Haar, glattrasiertem und großlinigem Antlitz fährt und steigt mit mir durch den Annex. Neger, weiße Mädel, verschmierte Giganten trifft man. Zuweilen schüttelt ein schwarzölrußiger Kerl ihm die Hand; sie kennen sich seit Jahrzehnten. (Das ist Amerika: vertrauliche Wucht, fern von Anbiederung.)

Nette Schreibmädel, kleine Buchhalterinnen kreuzen flink die Flure. Die eine, so sagt er fast väterlich lächelnd, ist Braut. Ich: »I congratulate you«. Wir lachen; sie ist reizend. Alle sind wohlgemut, ihn zu treffen. Manche des Riesenschwarms erkennen ihn spät — und strahlen ihn an.

Die Küche des Zeitungsbaues ist blinkweiß. Ein Restaurant für die Angestellten. Räumig, lecker — in einem höheren Stockwerk. Mr. Ochs unterhält auch ein eignes Hospital. Alles bildsauber. Die Tragbahren, die Betten, die Bäder, die Medizinschränke. Mit zwei Samariterinnen sprechen wir. Mr. Ochs ist nicht »Chef« — sondern »ein Bekannter«. Sie freuen sich; das Wort des ersten Friedrich Wilhelm von Preußen, als man vor ihm Furcht hatte: »Lieben sollt ihr mich, ihr Luders!« scheint in der Neuen Welt erfüllbar.

IX

Wir waren in den Stempelraum gekommen. Hier sitzen Beamtinnen, die, um Briefe freizumachen, eine namenlose Fülle mit Maschinen stempeln.

Buchhaltereien, ungeheuer. Wie durch ein Fernglas gesehn. Alles von betäubender Großartigkeit. Nicht zuletzt (ein Ärger für Ferdinand Lassalle) das Advertising Department — der Inseratenteil. Blüte des Kapitalismus. Kinder, Kinder!… Der Ferdinand wollte den Blättern die Inserate verbieten; sein Irrtum ist in Ländern erprobt, wo es nicht Inserate gibt, sondern, na, Nebeneinnahmen.

X

Wie der heimgegangene Vergil mit Dante, so fuhren wir vom Inferno durch das Purgatorio zum Paradiso. Immer kreuz und quer… Das Archiv ist ein Teil des Blattes, wo in Kartotheken oder Zettelkästen alles nachzuschlagen bleibt, was jemand wissen will. Brockhaus ist hiergegen eine Waise.

Mr. Ochs bittet lächelnd einen clerk, aus der Kästenfülle den Namen eines wirkenden deutschen Staatsmannes zu ziehen. Auf der Karte steht, wann dessen Vater gestorben ist, wie lang er gelebt hat, was der Inhalt seines Daseins war. Dann kommt, mit verblüffend klappenden Einzelheiten, der Sohn…

Jedes Kärtchen, voll notwendiger Lebensdaten, weist auf einen Platz des Archivs, wo Langes, Genaues zu holen ist… In größtem Stil. Der Umfang amerikanisch. Durchdachtes Gefüge. Fast ein Versuch, das Hirn durch Gerätekraft zu ersetzen.

XI

Herr Ochs, wenn man mit ihm diskutiert, ist schlicht und klar; er blickt grade vor sich. Unter den Wimpern hat er einen intensiven, über den Augenblick hinausgehenden, fast verträumten Zug.

Als ich frage, warum er gar so englandfreundlich gewesen sei, meint er lachend, ihm sei schon nahegelegt worden, den Namen »Ochs« in »John Bull« zu ändern…

»Warum?« — Gegen Überzeugungen lässt sich nicht kämpfen. Gegen Empfindungen auch nicht.

Wenn er von Deutschland spricht, wird er fast lyrisch. Er liebt aber, wie Amerikaner so oft (und wie oft haben sie's mir gesagt), nur das Land… und scheidet sehr die Führer von dem Land. (Die vormaligen Führer.) Sein Vater kam, erzählt er mir, als Jüngling aus Fürth nach Amerika. War verwandt mit der Familie van Geldern, also mit Heines Mutter. Der Vater musste weg aus Deutschland, weil er damals — erzählt Mr. Ochs — bei jedem Versuch, sich zu regen, auf Hinderungen durch Rassenschikane traf. (Die Judenfurcht, heut ein Besitz der Schwächerbegabten, war ja damals ein Regierungsbestandteil.) Alles verbarrikadiert. Da ging er jung über See.

Mr. Ochs erzählt, er selber habe schon an Dernburg, auf die Frage nach seiner nicht prodeutschen Politik, die Gegenfrage gerichtet, weshalb man von ihm, der in Amerika geboren ist, eine andre als amerikanische Politik erwarte… Erwarten die Deutschen von einem Stuttgarter, weil sein Vater als Jüngling etwa Dänemark verlassen hat, eine dänische Politik? Nicht eine deutsche?

Mr. Ochs bedauert, was dieses wertvolle deutsche Volk an Sünden der Führer zu büßen hat; er liebt ja Deutschland — glaubt aber, dass wir zahlen müssen… und dass jeder Mensch freiwillig ungern zahlt.

Immer kommt eine (apolitische) Liebe zu Deutschland durch. Fast eine Schwärmerei für Berlin. Auch der zögernde Wunsch, wieder mal in dies Land zu reisen — obschon er keine Verwandten hier besitzt und kaum Deutsch kann.

XII

Er hatte mich zum Lunch gebeten. Im Gebäude der *Times* ist ein Esszimmer für ihn und seine Freunde. Die Speisen kommen aus jenem Hausrestaurant.

Der Mann seines einzigen, bildhübschen Kindes, Mr. Sulzberger, ein sehr frischer jüngerer Herr, saß mir gegenüber. Daneben Mr. Rollo Ogden, ein führender Vertrauensmann. Auch sein alter Freund Mr. Kohlsaat — auf dessen deutschen Namen Mr. Ochs mich lächelnd hinwies.

Als er, halb scherzend, halb ernst, fragte: »Wie viel glauben Sie, kann Deutschland zahlen?«, sprach ich:

»Keine Ahnung; aber viel weniger!«

XIII

In jedem Augenblick tat es mir leid, dass ein Mann dieses Könnens und Einflusses nicht bei uns zu stehn vermocht hat. Im Beginn des Krieges, gleich im Dezember 1914, schrieb sein Blatt mit leider wahrem Prophetismus: Deutschland sei mit dem alten Österreich und der Türkei verbündet, zwei im Grunde rückständigen, fast sterbenden Völkern; der Kampf sei hoffnungslos. Ob die Deutschen, entgegen aller Bismarckschen Klugheit, in ihr Unglück rennen wollten?… In dieser Art (Dezember 1914!)

Das alles war vorbei. Rückgängig ist nichts zu machen. Wir schauen, wenn wir klug sind, heut auf Kommendes.

… Stundenlang hatten wir gesprochen. An meiner Seite schritt und stand und saß ein menschlich bestrickender, humorsamer, fabelhaft tüchtiger Mann, — politisch anders gestellt. Ich sah sein Lebenswerk. Und, jenseits von geschiedenen Standpunkten, die staunenswürdige Leistung.

Mr. Ochs hat ein Recht, wenn er sein Gebiet durchstreift, so zu leuchten, wie er leuchtet. Die Welt hat er irgendwie vorwärts gebracht. Schade, dass es nicht unsre Welt war.

DAS HOTEL

I

Als ich das erste Mal in Amerika war, vor dem Krieg, machte besonders ein Glaskästchen im Hotelzimmer Eindruck, während ich auf dem Diwan lag, — es leuchteten da plötzlich Buchstaben auf mit der Inschrift: »Post für Sie angekommen«; »mail in office for you«. Im Zimmer war auch ein Spalt für abzusendende Briefe — die beim Pförtner in den Kasten glitten. Und so.

Seit dem Krieg ist Neues entstanden… Mit neuem Stil. Ich sagte schon, wie auf dem Buckel eines rechteckigen Grundbaues vier heitere, helle flachgepresste Schornsteintürme leuchtend mit unzählbaren Fenstern in den Himmel ragen.

II

In diesem absonderlichen und wunderbaren Rasthaus, dem größten der Welt, mit zweitausendzweihundert Zimmern samt zweitausendzweihundert Bädern, ist alles von langer Hand grüblerisch auserdacht. Mit einem ans Ende dringenden, vor nichts nachgebenden, klammernd-wuchtigen Scharfsinn. Ein Hotel, das aus Tricks besteht.

Bloß eine starke Phantasie bringt solcherlei zustande. Bloß wer hellste Tagmärchen träumt… und sie ohne Rücksicht auf Üblichkeiten tapfer ins Werk setzt. Es gibt da keinen, der träg und gewohnheitsfeig und überlieferungshörig immer einwendet: »Das geht denn doch nicht; es widerspricht allem Herkommen«.

(Uäh!…)

Der Menschenschlag hier sagt nicht: »Ja, aber… «, sondern: »Ja, also… «

Darin ruht für mein Gefühl der ungeheure Reiz. In jenem Neusinn, der nicht Überlieferungen anglotzt, sondern Überlieferungen schafft.

(Das »Ja, also… « ist der Hebel zum Aufstieg.)

III

Ein Franzose schrieb vor hundert Jahren die Schrift: »Voyage autour de ma chambre«. Man könnte das heut wieder schreiben. Jedoch die »Reise rings im Haus« kriegt nun ein ganz andres Gesicht.

In meinem Stockwerk, ich hause ziemlich hoch, sind zwölf Lifts nebeneinander. Genau: je sechs beisammen. Auf der einen Flurseite sechs Expresslifts; die halten bloß in jedem soundso vielten Stock. Gegenüber sechs lokale Lifts: die halten überall.

Solche zwölf Lifts hat auf allen Fluren jeder von den vier Wolkentürmen über dem gemeinsamen Grundbau. In jedem Stockwerk, bis zum Äther, sitzt in ihrer Koje, mit bezifferten Fachkästchen und einem Ferndrucker, wie aus dem Ei gepellt, je eine Pförtnerlady. Sie hat alle Schlüssel dieses Flurs; hegt angekommene, sofort nach oben verteilte Briefschaften, und bewahrt jede Meldung vom Erdgeschoss, die mit dem Ferndrucker von unten einläuft.

Über achtzig Pförtnerdamen in über achtzig Stockwerken — außer der Zentralpförtnerschaft unten.

IV

Irgend jemand ruft an, während ich weg bin. Der Ferndrucker meldet sogleich auf schmal quellenden Streifen hinauf: »Mr. X. will see you at 12.30 p. m. tomorrow«; dabei Stunde samt Minutenzeit der Meldungsaufnahme.

Oder der Ferndrucker spricht: »Mrs. Y. wird Sie morgen vormittag 9.30 anrufen«. Oder: »Mr. Z., publicity manager, bat um ein Interview heut um fünf«. Oder: »Mr. Soundso fragte 6.20 vergebens; kommt morgen 9.15 wieder«.

Das Ende des Druckstreifens ist auf eine Karte geklebt; auf ihr haften Stempel der verantwortlichen, weiterleitenden Stellen des Hotels. Alles kontrollierbar.

V

Im Hotel ist eine Untergrundstation. Auch wer mit gewissen Fernzügen abfährt, kann direkt zu den Waggons. Dahin führt ein Lift und ein Sonderweg; unterirdisch.

Das Hotel hat im Erdgeschoss sieben Restaurants mit verschiedener Aufmachung — vom »Springbrunn-Raum«, wo man morgens ein »leichtes Klubfrühstück« haben kann, bis zum Dining Room, bis zum Teeraum, bis zum Grillraum, bis zum »Café«, bis zum gläsernen Schmetterlingsraum, bis zum Dachgarten über dem zweiundzwanzigsten Stock, bis zum Ein-Uhr-Frühstücksraum im Keller.

Das Hotel gibt eine Zeitung heraus — mit Artikeln über prominente Gäste.

VI

Wer von der See hier ankommt, frisch aus dem Auto geladen, und in einer teppichbelegten, titanischen, blumendurchdufteten, stimmdurchtobten Halle (es ist aber keine Halle, sondern ein reicher, kostbar-wohnlicher, ernster Sammelraum für viele Menschen — mit Sesseln, Tischen, Ledersofas, mit Marmorgalerien im ersten Stock, wo abermals Leute wie im Rang eines Theaters dahindämmern; ein eckigheiterer Tempel mit vielen Schaltern, hier für Auskunft, dort für Bestellung, dort für Post, dort für Billetts… dieser Satz kommt nie zu Ende) — wer nach den Stürmen der See diese nicht überschaubare Menschenversammlung erblickt, wie sie alle sitzen, rauchen, herumstehn, querhasten, plaudern, lesen, Genüsse verabreden, Bekannte sehn, Fragen stellen oder in Sesseln ruhen, ruhen, ruhen (denn der Raum ist von einschmeichelnd kolosshafter Wohnlichkeit) — der fasst sich in diesem verhexten Leviathansheim an die Stirn… und beginnt zu träumen.

Etwas Verwunschenes. Das sind schon Menschen von einem andren Stern.

Ein Weltmeer musste zwischen so einer schweren, gestuften, überwimmelten Großartigkeit liegen — und dem freundlichen Idyll unsres schleichenden Lebens im gealterten Erdteil.

… Ja, der Anblick des durchsummten endlosen Atriums gleicht einer Sinnestäuschung.

Ein Fabelschloss der Künftigen. Ein Elektro-Sesam.

Das Herz geht schneller.

VII

Die Tür im Zimmer oben ist eine gekrümmte Metallhöhlung. Mit Querbrettern. Dies neue Gerät heißt »servidor«. Hier hinein setzen Diener alles auch an Speisen Bestellte; man muss also die

Diener nicht sehen; und sie sehen einen selber nicht. Gar keine Behelligung… Ein Druck auf den Knopf daneben, und Luft strömt ins Zimmer.

Unter dem servidor wird früh tagtäglich die *New York Times* hineingeschoben. Obenauf ein farbiger Druckzettel: »Guten Morgen! dies ist Ihre Zeitung — mit Grüßen vom Hotel«. Darunter stehn (aber jeden Tag mit andrem Wortlaut; nichts eintönig werden lassen!) allerhand Hinweise. Möglichkeiten für das erste Frühstück, wenn man's hier nehmen will. Die Restaurants im Hotel werden aufgezählt, der Main Dining Room, der Fountain Room und die übrigen — mit Preis.

Darunter steht an jedem Morgen was andres, immer farbig auf die *Times* geklebt. Ein Rat: »Kommen Sie ihr mit Süßigkeiten! Delicious candies, chocolates, nut candies… ; der Candy-Stand ist im Hotel«. »Nahen Sie ihr mit Blumen; lieblichste Blüten… « — mit dem Zusatz: »Sie sei Schatz, Weib oder Mutter; der Florist befindet sich innerhalb des Hotels«.

Oder: »Mit einem Lieblingsparfüm! aus dem Drugstore des Hotels«. Oder: »Kommen Sie mit Ihrem Bild; das Studio des Photographen ist im Halbstock«.

VIII

Am folgenden Tag steht auf der hineingeschobenen *Times* wieder: »Guten Morgen! dies ist Ihre Zeitung — mit Grüßen vom Hotel«. Darunter: »Was das Herz einer Frau wünschen kann! Schönheitsanstalt. Skalpbehandlung. Hautbehandlung. Türkische Bäder mit Linienpflege. Der Chiropodist! Innerhalb des Hotels die feinste Kleidung, die feinste Wäsche… «

Am nächsten Tag: »Guten Morgen! usw.« Mittel zur stattlichen Erscheinung für Männer — innerhalb des Hotels…

Am nächsten Tage klebt auf der *Times* nicht ein blauer, nicht ein hellgrauer, sondern ein rosa Zettel: »Guten Morgen — dies ist Ihre Zeitung und so weiter Billetts für Ozeanreisen! Für Pullman-Wagen! Für Theater! Passangelegenheiten — innerhalb des Hotels«… In dieser Art; jeden Morgen anders. Nur die *Times* bleibt immer; — »dies ist Ihr Blatt«.

IX

Ich glaube nicht, dass in solchen Dingen nur »Zivilisation« steckt. Phantasie bedeutet für mich: Kultur. Es ist Kunst… Weiter.

Der Nachttisch birgt kein Gefäß (entschuldigen!); dafür ist der Baderaum.

Auf einem leichten Tischlein am Bett liegen das Telefonbuch und die Bibel. Daneben ein Branchentelefonbuch.

Im Zimmer findet sich ein steifes Plakaterl mit Schnur, an der Außentür zu befestigen. Inschrift: »Jetzt keine Störung!« (Please do not disturb occupant of this room.)

Am Telefon erscheint vor der Abreise die Inschrift: »Don't miss your train«; versäumen Sie Ihren Zug nicht — mit Anweisungen.

X

Drei Wasserarten im Zimmer. Heiß; kalt; der dritte Hahn führt das Nationalgetränk: Eiswasser.

Im Baderaum hängt ein hübscher gelber Schuhputzfleck… als Überraschung, zum Mitnehmen; »with the compliments of the hotel«.

Was im Badezimmer sonst noch ist (Luther nennt so was »das heimlich' Gemach«), umfasst alle Durchtriebenheiten der Technik zum Bewahren reiner Luft. (Entschuldigen!)

Die Tür des Baderaums ist ein einziger Spiegel, der im gegenüberhängenden Spiegel des Kachelwaschtisches neben dem Kachelbad eine Rückspiegelung des Körpers bezweckt. Zwei Stück neue Seife täglich in Papier — für Bad und Waschtisch. Das Bett jeden Abend neu bezogen.

Ein beweglicher Vorhang an der Kachelwanne, falls die Brause benutzt wird; damit der Fußboden nach dem Aussteigen nicht nass ist!

Im Zimmer kein Schrank. Sondern eine Gewandkammer mit elektrischem Licht.

Und Kissen mit Zwirn, mit Knöpfen, mit Nadeln.

Sonst (außer dem einsteckbaren Stadtplan mit Subway-Linien) ein Angebot vom Hotel: — falls jemand ein Zimmer in St. Louis, in Cleveland, in Detroit, in Buffalo mit erleichterten Bedingungen von hier bestellen will…

(Voyage autour de ma chambre.)

XI

Das Ganze jedoch ist nicht üppig — sondern handfest; abgestuft; gesundheitsfördernd; bequem. Alles, in dem blitzhaften Enaksbetrieb, mit zwei Grundsätzen. Erste Losung: Sofort! Zweite Losung: Nie stören!

Alles fern von Verweichlichung. Nicht nur das Gerissenste vom Gerissenen. Sondern auch das Gediegenste vom Gediegenen...

Sieg der Gerätekraft; der taghellen Einbildung; der Ausgesonnenheiten; des erdachten Gefüges; des praktischen Traums.

Ja, wer das größte Hotel dieses Sterns ersann, hat mehr Dringlichkeit im Vorstellen, ein schwellenderes Hirn, exaktere Magie — als derlei in verantwortungslos zerrinnenden Balladen für menschliche Kinderhirne steckt.

Die stärkere Dichtung ist hier. Denn sie wurde leibhaft.

»Sofort.« Und »Nie stören«... Lautlos rasen Lifts. Flammtäfelchen funkeln auf, grüngleißend, rotgleißend; für den neunten, für den siebzehnten Stock. Bei allen Liftführern leuchtet's. In zweitausendzweihundert knackfrischen Hausungen leben Leute nach ihrer Lust — unbeschnuppert; ungesehn; von Tischlein-deck-dichs bedient.

XII

Eine Himmelsnähe, mit Teppichen.

Geborgenheit.

Die Rast im Rasthaus. Ruhe in Ruhetürmen — blütenrein, gesund, lebensleuchtend.

Ein Obdach... im herrlichen Orkan.

Unten braust und dröhnt und rollt und rauscht und klirrt und saust und schwirrt und summt und harft und schreit und singt die großartigste der Städte.

DIE THEATER

I

New Yorks Theater ist im Aufstieg. Ein Irrtum des Durchschnittseuropäers, zu denken, dass auf der Bühne hier Bumswirkung, Sensation, Knallerbse, Spannungsreiz herrschen… Blind, wer das glaubt. New York ist eine europäische Theaterstadt.

Freilich, im Werden.

Wenn ich nach dem Gefühl schätzen soll: drei Viertel der alten Tricks — und ein Viertel der neuen Kunst. (Aber dies eine Viertel macht heut stärkeren Eindruck drüben als die andern drei.)

Wir in Deutschland sind ja weiter. Berlin ist immer noch die erste Theaterstadt der Welt. Aber in dem neuen Land beginnt etwas zu sprossen.

Dabei lebt, in der Regie, jenes Merkmal, das wir »amerikanisch« nennen. Hierin steckt Zukunft,

Es ist… das Schlagend-Sichere.

II

Der neue Dramatiker drüben heißt Eugene O'Neill. Sein starker Erfolg jetzt: *The Hairy Ape* — also: »Der Waldmensch«. Wortgetreu: »Der haarige Affe«. Wer ist das?

Entweder die komitragische Hauptgestalt: ein Schiffsheizer, dumpf und schwer. Oder: der Gorilla, der ihn am Schluss mordet. Beide sind Vettern.

Der Heizer wird kopfscheu beim Anblick der überfeinen Schlemmerwelt. Wenn ein Fräulein der ersten Kajüte zu ihm hinunter in den Heizraum guckt. Wenn er Schaufenster der Fünften Avenue mit Pelzwerk und Diamanten sieht, zierlaffige Luxusmenschen davor. (Paare trippeln fühllos-geckisch — nebenan läutet fromm die presbyterianische Glocke.)

Das ist also die Oberwelt? Der Tropf irrt in ihr herum… wie

beim Verlaine der arme Kaspar Hauser. Manches versucht er umsonst. Auch die Bolschewikenschar will nichts von ihm wissen, — »ils n'ont pas voulu de moi«, klagt Kaspar; doch so heißt er nicht bei O'Neill.

Am Schlusse steht er vor dem Gitter des Gorilla (vielleicht im Bronx-Park bei New York). Begreift ihn der? Kaspar öffnet ihm die Pforte; bietet dem Gefangenen shake hand. Doch anders als der Löwe des Androklos bei Shaw, ist hier ein verständnisloses Vieh. Es umarmt den Bruder; zerdrückt ihm den Brustkorb; schmeißt ihn still in den Käfig; tappst, tappst, tappst von hinnen.

III

O'Neill ist Mitte Dreißig. Von irischem Stamm — was kaum zu sagen not tut. Zuvor schrieb er die Tragik eines tollen Niggers: *Emperor Jones*. Dann das Seestück *Anna Christie* — mit einem verworfenen Vater, seinem entjungferten Kind… und jenem Fremden, der schließlich »darüber weg kann«. Also Menschentum — statt Puritanertum.

O'Neills letztes Werk ist expressionistisch. Nicht aus erster Hand. Er kennt Strindbergs *Traumspiel* reichlich… mit seinen losen Szenen. Und wir kennen den Gegensatz reichlich zwischen: »Hie Tiefenmensch — dort Luxuswelt«. Zwischen: »Hie Heizraum — dort Verdeck«. Man kennt auch die Weber in Dreißigers Wohnung. Auch die zwei Stockwerke von Björnsons *Über unsere Kraft* im Steil — unten Arbeiter, oben Unternehmer. Auch reichlich Vorderhaus und Hinterhaus.

Was tut es? Ein Dichter schlägt hier Öffnungen in die starr goldene Mauer des Kapitalbergs. Das Zeitgewissen ruft aus ihm. Er fasst irgendwie dem Hörer ans Herz — der über Talmihaftes hin eine Kraft sieht.

IV

R. E. Jones, dafür Spielordner und Bildzeichner, sah Ernst Tollers *Masse Mensch* eingestandenermaßen in Berlin. Jeßners Jünger Fehling hat es hergerichtet. Jones hat verstärkt, was er sah.

Die Menschendarstellung ist zureichend; mehr als zureichend alles rein Szenische.

Ersten Ranges die Kette von Heizern — mit expressionistischem Drill schaufelnd… vor Feuerlöchern. Das Rollen des Schiffs; die Töne der Fahrt. Glänzend.

Schwerer wiegt am Schlusse: dass der Gorilla nicht komisch wird. Dass man erschauert — wenn er abtrottet… und ein Leben zu Ende kam.

V

Im wunderbar Klappenden steckt jene Zukunft. Das Ganze »steht«. Vielleicht ergötzt vorläufig der Bildwechsel die flacheren Beschauer — das Viertel der Andren geht auf den Kern.

Dies Stück wird jeden Abend gespielt. Ständige Theater gibt es nicht; die Häuser sind an Truppen vermietet. Was Erfolg hat, mimt man auch nachmittags dreimal in der Woche

… George Bernard Shaws Methusalem-Stück hat solchen Erfolg. Drei Abende fordert es — wegen der Ausdehnung in drei Teile geteilt. New York läuft in alle drei.

Sie achten auf jede Stufung des phantastisch-witzigen Trauerspiels. Shaw gibt in *Back to Methuselah* seinen Faust. Das Abschiedswerk eines Erkennenden, bei dem noch das Röcheln… ein Lächeln ist.

Erkalten der Erde; Schweigen des Getriebs; Schlaf nach dem Gewimmel: — das hat mich, beim Steil, zu Tränen inmitten der diesseitigsten aller Städte gebracht.

In fremder Sprache folgt man kaum wie in der eignen. Ich bliebe sonst kälter; zweifelnder; umschränkender. Wer aber durch Nebel und Wirrnis nichtheimatlichen Lauts jemanden so bewegt: der muss ein Dichter sein. (Nicht nur, was die Trottel einen Schriftsteller nennen — es ist ja das gleiche; kommt bloß drauf an!)

Auf den Parkettsesseln in der Umgebung spürt man, ob Leute hier mit Verwunderung hinsehen… oder ob innen was mitklingt in einem, ob was zerreißt — und noch erbebt, wenn er lacht.

Auch die Hörer von New York sind zukunftsvoll… zu einem Viertel.

VI

Alles, was amerikanisch ernst ist, haben zwei Gesellschaften dort ans Licht gebracht: die »Theatergilde« — und die »Provinzspieler«. (»The Theatre Guild« und »The Provincetown Players«).

Die zweite Gesellschaft hat ein eignes Haus… vielmehr eine eigne Scheune. Fast eine bewusste Scheune — möcht' man sprechen.

Ich saß dort. Ich sah bei Gebälk und getünchter Wand in dem früheren Kramladen ein leider schwaches Stück — von Susan Glaspell, der jungen, als wertvoll gehissten Dramatikerin. (Es ging um »Birth Control«; also Verhinderung der Empfängnis.)

Freiwillige spielen hier. Jeden Abend. Aus Liebe zur Sache. Menschen, die tagsüber geschuftet.

Das Spiel ist oft laienhaft — vor den Holzbänken ohne Nummern. Doch alles Versprechende kam halt von hier; auch der *Hairy Ape*. Feine Leute sitzen sich das Gesäß mürbe; Mal-Zigeuner; Schreib-Zigeuner daneben. Ein lateinisches Viertel — also die Hoffnung.

Warum macht Ihr Ähnliches nicht in Berlin? Statt vor Protzen zu Protzenpreis Protzenstücke zu spielen? Hier winkt eine Versuchsbühne spesenlos. Auf, in die Brunnenstraße.

VII

Dies wäre der vierte Teil amerikanischer Bühnenkunst. (Amerikanischer — denn von New York ziehn die Truppen rings durch das Land.)

Und die andren drei Viertel? Nur Stichproben sind möglich… Ich sah das Zugstück *The Cat and the Canary*. Halb ein Gespensterwerk, halb eine Posse. Einsames Spukhaus am Hudson, Geheimtür in die Bibliothek. Testamentsverlesung. Und so.

Angelpunkt, dass ein Mensch durch die Bücher hindurch verschwindet… Sherlock Holmes plus Barrie. Oder: Poe plus Fulda.

Die Spukregie meisterhaft: mit Geklopf; mit blauen Beleuchtungstupfen; mit verdächtiger Luft. Alles klappt schlagend-sicher — wenn Spuk und Verbrechen immer von Komik abgelöst wird. (Bis zur Verlobung.)

Dabei die Sinnlichkeit zart verzapft; wenn sich ein Fräulein bloß ganz wenig ausgezogen ins Bett legt. Sehr geziemend. Dieser Anstand wirkt ja sinnlicher als ein schwach bekleidetes Bühnenfrauenzimmer mit dem Steißwurf des Röckchens.

…Gruselig und komisch. Die Zuschauer schlemmen. Backfische mit abgeschnittenem Haar und schwarzrändiger Brille (die Modetracht) sitzen bei den Eltern — am schönsten Abend ihres Lebens.

Lachgekreisch… und Angstgeraun.

VIII

Die dürfen auch in die *Czarina* von Melchior Lengyel gehn — wo die kalte Macherin Doris Keane bei kostbarster Ausstattung ein paar Fertigkeiten hinlegt. In dieser Pracht erholt sich abends der Kaufmann.

Die Damen halten den Hut im Schoß, das Überkleid ruht hinten auf der Lehne. Hut und Mantel nehmen auch die Herren mit. Nur etliche tragen das schwarze Dinner Jacket.

Die Theater sind klein. Wie Kinohäuserchen. Parkett, ein Rang: das ist oft alles. Elf Reihen manchmal.

Bei dem Spukstück sitzt ein schönes brandrotes Mädel vor mir… Man sieht oft feine, noch nicht zerseelte Züge… Bei Shaw im Vorraum: schlank-perverse, bildhübsche Kröten.

Auf kleinem Raum Abendkleider massenhaft; rückenlos. Manche hat hinter sich einen Scharfrichter-Burnus liegen, wie aus Blut. Manche den Leopardenpelz. Manche trägt um ihr kurzes schwarzes Florkleid den grellsten Silbergürtel. Andre Gürtel sind öfter als bei uns durchbrochen: immer nur ein Zoll Leder, dann ein großes Loch, vom Ring überbrückt, so fort, immer ein Zoll Leder, ein Zoll Ring, vom Magen bis zurück… Es ist ein Reiz.

Viel Gesichtsmalerei. Autos vor der Tür, mit Blumen.

Der Zettel des Spukstücks zeigt eine gedruckte Bitte, seltsam arglos: »Wenn das Stück Ihnen gefällt, sagen Sie es Ihren Bekannten — aber sagen Sie nicht den Schluss!«

(Dies Gruselwerk bringt in einer Woche mehr als hundertvierundvierzig Millionen Mark. Achtzehntausend Dollars. In ei-ner Wo-che!)

IX

…Die Metropolitan-Oper, mit rotem Grundton und vielen Logen, erinnert irgendwie doch an was Maschinenartiges — im Vergleich zu Wiens Oper mit ebensoviel Logen.

Hier tanzte Anna Pawlowa. Nach einem Jahrzehnt sah ich sie wieder zum erstenmal. Sie tanzt heute noch flockenzarter, noch verschwebter, noch kreiselhafter als zuvor.

Lenin und Trotzki hätten ihr täglich Kaviar beschafft, wie dem Sänger Schaljapin, — wäre sie in Russland geblieben.

(Sie blieb aber nicht.)

X

Was noch alles hab' ich gesehn! Die Kritiker New Yorks luden mich in eine geschlossene Gesellschaft. Sie spielten im Theater der 49. Straße selbst auf den Planken — fast wie bei Shaw in *Fannys erstem Stück* die Kritiker auftreten.

Es war köstlich. Parodien. Gesiebte Hörerschaft. Alles von der Kunst war oben oder unten. Oben Mimen und Miminnen in der kleinsten Rolle. Musiker hinter den Kulissen zur Handreichung. Chorus girls. Vortragsredner… Unten die nichtspielenden Kritiker; Literaten; Frau W. Vanderbilt; Zeitungsbesitzer.

Das Ganze war nicht bloß ein Scherz: auch ein Merkmal für den Regiegeist Amerikas. Ich sah mit Lust, wie klappend-schlagend Kritiker (so Alexander Woollcot, Marc Conelly, George S. Kaufman) spielten. Alles fertig, bis aufs i-Tüpfelchen. Im Hörer nicht Augenblicke der Angst vor einem Laienversuch. Aus der Pistole geschossen.

Die Luft des »Hôtel Algonquin« (das New Yorker Hotel der Literaten) schwebte darüber.

Man lachte sich krank. Witz — und Regie, Regie, Regie. Nicht guter Wille… sondern Können. Ausgeprobtheit. (Technik Ehrensache!)

Darin sind sie uns voraus.

XI

Eines Abends ging ich zu den Negern. Sie spielen, in der 63. Straße, bei großem Zulauf ein Sing-, Sprech- und Tanzstück *Shuffle Along*. Es war mein stärkster Theaterabend in Amerika.

Fünfmal könnt' ich das hintereinander hören und sehn.

… Die Neger sitzen auf der Galerie; die Weißen im Parkett. (Weiße sitzen auch oben; doch Neger nicht unten…)

Das Stück spielt im Grünkram zweier Schwarzen. Zwischen Schwank und Zirkus. Boxkampfparodie — mit einem schmächtigen Kerl im roten Sweater. Manchmal ein Patsch auf den Kopf. Ganz ruhig.

Die zwei Kerls im Laden sind schwärzer geschminkt als von Natur. Sie stibitzen. Verspotten die eigne drollige Faulheit. Ihre Komik ist langsam; unaufheblich. Man liegt unter dem Stuhl.

Sie mogeln gegeneinander. Mit einer Registrierkasse. Mit Griffen und Kniffen. Bezahlen will keiner… Ihr Spiel ist ganz unbefangen — als ob sie den Zeitbegriff nicht kennten.

Himmlische Tänze kommen hernach: mit Fußtrillern auf einem Fleck. Mit Knöchelorgien. Ein Taumel, toll und kunstreich. Als ob nur Neger tanzen könnten…

Ein schwarzer Policeman cakewalkt. Ein Sohlengenie. Ein Ballenwunder. Ein Zehentraum. Ein Taktmirakel. Ein Rhythmenzauber.

Und in der Regie kein toter Punkt. (Hübsche Mädel singen zwischendurch vor einer goldenen Gardine. Weiße Negerinnen spielen mit.) Alles vollendet. Ins Letzte bombensicher gestuft.

Amerikas Leitung…

XII

Aber dann singen die Neger. Unsterblich. Die vier »Harmony Kings« brummen und summen. Das Herz schlägt einem Menschen jetzt im Ohr.

Das ist mit Europäischem nicht vergleichbar! Töne gleitend, eine halbe Oktave… als wär's ein einziger Ton. Gleitend. Aus nicht gekannter Ferne.

Ein breiter Negeronkel singt Basspiano. Unsterblich. Ja, wunderbarer als Mailands Cantilenen. Sie schmeichel-schmalzen alle vier, a capella, ohne Begleitung. Ich habe so herrlichen Männerchorsang nie gehört. Das Pianogesumm! Fremd und erschütternd. Klagedämmrig. Oft sonor. Mitunter fast wie ein aufschießendes Gejodel; ein Dschungel-Juhuu. Der Wald ist darin. Die verlorene Heimat.

Halb melancholisch — nicht rührsam. Fremd. Gütig. Fragende Schwermut.

Afrika! Afrika!…

XIII

Ich vergesse das nie. Beide Strömungen können sich in solcher Musik treffen: das eine Viertel — und die andren drei.

Denn hier ist zugleich Schlagendes… und Inniges. Zugleich Unterhaltendes… und Herztiefes.

*

Ein Symbol für die Zukunft?

DIE SEELE VON AMERIKA

I

Das Erzbild der Freiheit wurde puppig, schmächtig, winzig im Salzduft. Die Wolkenhäuser verschwebten. Ich stand auf demselben wunderschönen Fahrzeug, auf dem ich gekommen war. Auf dem Schiff *Resolute*. Es war der Abschied.

Das Schiff ging durch den Mai glatt und friedfertig. Die Menschen darauf machten in dem Brio-Satz des Lebens eine Fermate. Das Unterbrechen der Hast — in schwelgerischer Einsamkeit auf der grünen Weltsee.

(Hier traf ich Fritz Kreisler unterwegs; er zog, auf immer, nach Deutschland. Für eine Woche sank ihm die Last von den Schultern, der Erste seines Feldes zu sein... Es ist eine Last.)

II

Menschen wimmelten, schrieben Briefe, schmausten, tanzten, lachten, erörterten, aalten sich. Meist Amerikaner. Auch Kinder und Alte.

Oft im Sonnenrot scholl am frühen Abend holder, vorsommerlicher Lärm des Schiffes.

Alles das war beglückend und rätselhaft.

III

New York schwand. Ein Erdteil schwand, — welcher die Ablösung vollziehn wird. Ein Rudel von tief aufreizenden Tagen schwand. Ein Gipfel des Hierseins schwand.

Der Rest war Staunen.

Und ein neues Lebensgefühl.

IV

Was auf dem Schiff beim Einschlafen dämmert... ist es das Erinnern an ein Land »ohne Seele«? Seid still — das bleibt ein altes Unrecht;

ein alter Unsinn; ein altes Nachsprechen; ein alter Hochmut. Die abgeleierte Walze: »Zivilisation… aber nicht Kultur«.

Als ich zum erstenmal hinüberging, war mein Eindruck: »Sie werden nicht eine Kultur kriegen, sondern eine noch größere Kultur kriegen«. Das wurde nun doppelt klar.

Ich weiß, was auszusetzen ist. Und wenn man es nicht wüsste — Amerikaner hätten's gesagt. Grenzenlos überwiegt aber Starkes, Niegesehenes, Einmaliges, Geniehaftes.

Lest so ein Buch, jetzt veröffentlicht, worin Dreißig von drüben kein gutes Haar an ihrem Land lassen. Sechshundert Seiten — und kein gutes Haar. »Civilization in the United States«. Junge, tapfere Köpfe darunter. Auch Henry Louis Mencken aus Baltimore, deutschen Stammes; der Großvater kam von Leipzig. Sein Genosse George Jean Nathan, in Fort Wayne geboren, Sohn eines Elsässers. In ihrer Zeitschrift *The Smart Set* durchlichten sie manches Grau.

Ich sehe die zwei noch in meinem Hotelzimmer. Mencken, ein flausenloser Mensch, fast eine Pflanzergestalt, unbekümmert, erquickend. Nathan, ein hübscher, kluger Kerl mit dunkel-gutherzigen Augen in dem wohlgeschnittenen Rundkopf. Die zwei wackren Wahrheitssager sind nicht unbeliebt, sondern beide geachtet — aber nicht volkstümlich.

V

Ich sagte zu Mencken lachend: »Sie sind in Amerika das enfant terrible«. Er sprach in gebrochenem Deutsch: »Fast schon der Greis terrible!« Er ist nur zweiundvierzig. Sein etwas jüngerer Gefährte macht in New York peitschende Theaterkritik — er sieht anders als die Eingeborenen. Mencken schrieb ein Buch über Friedrich Nietzsche, eins über die Sprache der Amerikaner… und manches Tausend Sätze gegen herrschsüchtige Beschränktheit. Daneben der schon genannte Ludwig Lewisohn. Ihr Mittel zur Besserung ist: Schwaches beim Namen zu nennen.

(Mencken hofft auf das Anwachsen einer amerikanischen Geistesaristokratie — zwischen dem Schriftsteller und der Masse. Ludwig Lewisohn verwirft »the brutal romanticism of success«. Er urteilt hart über »eine Gesellschaft, die Edison stärker verehrt als Emerson«. Entschuldigen! Wenn ich die Wahl habe, ob es kein Telefon geben soll oder kein Buch von Emerson — ich streiche den Emerson. Der Kerl ist mir überhaupt zu salbig.)

Wollte sagen: diese drei wertvollen Vorreiter, jene Dreißig mitgezählt, haben recht — aber sie hausen den Dingen zu nah. Der neue Umriss in seiner Geniemacht entgeht ihnen... Das beweist nichts wider sie. Noch beweist es etwas für mich — wenn ich's besser sehe.

Denn alles ist relativ. Sie, als Amerikaner, tun gut, ihre Landsleute mit Schlägen zu fördern. Ich, als Europamensch, tue gut, meine Landsleute mit Hinweisen zu fördern.

Mein Vorteil ist, dass ich von anderswoher komme. Mit ausgeruhtem Blick für Unterschiede... Die Einzelheiten trüben jedes Bild. Ich hatte nicht Zeit, ärgerlich zu werden. Amerika ist für mich eine Leidenschaft.

Ergo: Ich betone, rechtens, die Wunder eines, zum Glück, noch jungen Erdteils. Sie betonen, rechtens, die Mängel eines, leider, noch jungen Erdteils.

Wir sind Freunde.

VI

Was reden die meisten in Europa? »Land ohne Seele?«

Soll ein Land ohne Seele sein, das Deutsche, Kelten, russische Juden, Lateiner, Slawen umschlingt — somit Europäer; Ostasiens Geblüte nebenbei?

»Ohne Seele!«

Der lebensgefährliche Schwachsinn des in Bausch und Bogen arbeitenden Schmusses, des Rassen- oder Hexenglaubens zeigt sich noch einmal hier in allem Jammer... wider den zukunftsvollsten Erdteil.

Es bleibt ein Hokuspokus von Schwindlern. Von Hassern aus Unterlegenheit.

Hat ein Volk, das die Sehnsucht nach einer Seele spürt, nicht eine Seele? Merkt ihr sie nicht bei jeder Begegnung hier hundertmal, in hundert Augen? Fühlt ihr sie nicht im Herzschlag dieser einzigen Stadt? Nicht in ihrer Hilfsfreude? Spricht Seele nicht in dem furchtlosen Handgriff, der für die Ärmsten das Tor zum Aufstieg öffnet? Spricht Seele nicht aus einer neuen Schönheit, hier in die Welt gesetzt? Aus einer neuen Art von Lachen und Wucht? Aus dem nie beirrten Mut zum Ungewohnten? Liegt nicht Seelenkultur in der schlagenden Kürze des Ausdrucks? Ist es nicht Seele, gegen Frauen lind zu sein, dennoch fern von Laffentum und Affentum? Ist eine Musikstadt hohen Ranges wie heute New York denkbar, wo Seele nicht herrscht? Begreift ihr denn Werdendes nicht — nur Glatt-Fertiges? Ist jene Mischung von Gefühl und Technik, welche dort sogar auf den Brettern winkt, nicht Seele? Ist es nicht Seele, wenn das Theater vom Effekt zur Echtheit geht?... Ein Bankrotteur, gleich Wilson, ist in Amerika unten durch. Wenn ein deutscher Bankrotteur weiterhin das große Maul haben darf — das ist Seele.

Wenn Raubtierstaaten Europas ein edles Land wie Deutschland im Frieden erdrosseln — das ist Seele.

VII

Amerikas Menschen sind Kinder. Im großen und ganzen: offenmütige Kinder. Ein Schriftsteller sagte mir drüben: »Ich zwang die amerikanische Zeitungswelt, mein Buch zu besprechen... denn ich schrieb in der Vorrede: Amerika wird es totschweigen.«

Ich sprach: »Bei uns, lieber Herr, würde das Buch trotzdem verschwiegen; — Ihr befindet Euch noch im Anfang!«

Kinder sind sie; haben alle Hände voll zu tun, um z'erscht amal den Reichtum des Landes irgend unterzubringen. Das andre kommt.

Kinder; heute noch adelshungrig, kastenlüstern — jawohl. Aber sonst? Zur Tat entschlossen; voll sommerlichen Übermuts; folgerecht; mitten im Aufstieg. Mitten im Glanz.

VIII

Ein Amerikaner lobt mir die Vortrefflichkeiten der deutschen Stewards. »Denn«, spricht er, »wenn ein Amerikaner Steward ist, will er gleich Obersteward werden; und ist er Obersteward, will er ein Hotel aufmachen. Die Deutschen aber, wenn die einmal Stewards sind, bleiben sie Stewards — und sind vorzügliche Stewards«... So dieser. (Ich weiß nicht, ob es stimmt.)

Lange Zeit in einer Stellung verharren, gilt dort kaum als Ehre. Nach dem Gesichtspunkt: Was kann an dem Kerl schon dran sein; immer in derselben Stellung!...

Der Organisator eines großen Blatts drüben war die längste Frist seines Lebens in der Standard Oil Company.

IX

Kinder, denen es gut geht. Morgens gibt es für einen geringen Preis (denn was sind ihnen sechzig Cents) folgendes Frühstück: Grapefruit — Saftkreuzung der Zitronenorange; Weizencream mit fettem Rahm; Eier auf Schinken; schwere Milch.

Auch das Essen wirkt auf die Seele...

Schwammigwerden droht aber nicht. Die Hast hindert die Mast.

Oder: um einen Dollar und fünfundzwanzig cents, also fünf Mark für sie, kriegt man folgenden Abendschmaus: Austerncocktail, dann frische Bohnen, dann wieder gebackene Austern, dann französisches Roastbeaf, Spaghetti, Weinkraut, Erdbeeren mit Schlagsahne — hinterdrein schwere Milch.

In manchem Gasthaus fand ich bei jedem Gericht die Zahl der Kalorien vermerkt.

Item, die Seele festigt sich, wo Austern Volksnahrung sind...

Nach einer Automobilfahrt am Hudson aß ich mit dem lieben Mr. Wardlow und seiner lichten Frau in einem fast altfränkischen Hotel, ältlich, behaglich, am Park — alles gestuft, von den clams an, also Muschelaustern, klein wie ein Markstück, bis zum Schluss mit dem whipped cream. Gestuft; nicht fresserisch-kulturlos. Verachtet mir die Atzung nicht...

(Sonst freilich ist in Amerika zwar der Essstoff ersten Ranges; die Zubereitung aber mittel. Sie haben halt keine Zeit; Tempo, Tempo!... Wird noch.)

Das Trinkverbot steht auf dem Papier. In Gesellschaften bekam ich Cocktails auf der Grundlage von Whisky, Gin, Rotwein, Wermut, Ananas. Mancher lässt sich von seinem Gärtner das Bier brauen.

Amerika ist also mitnichten »dry«. Immerhin: schon der Versuch zur Trockenlegung eines Hundertmillionenvolks zeigt Entschlusskraft stärksten Grads. (Franz Grillparzer: »Das Unkraut, merk' ich, rottet man nicht aus, — Glück zu, wächst nur der Weizen etwas drüber.«)

X

Und die Presse? — In Deutschland ist mein Standpunkt so:

Die Ankläger der Zeitungswelt sind mir ein dümmeres Ärgernis als die Ärgernisse der Zeitungswelt...

Weil das Gute doch weit überwiegt.

Schafsdumm, wenn jemand Eisenbahnunfälle triumphierend auf-
pickt, — um zu rufen: »Ich bin gegen die Eisenbahn!« Das gibt es.

Was an Amerikas Presse zu tadeln ist, haben die Dreißig getadelt.

XI

Die Fahrt blieb still.

Alle Gier, sich zu betätigen, von dieser Stadt geweckt, schwang
nach. Manchmal im Einschlummern, wenn das Geräusch durch-
furchten Wassers mit einer gewissen Schwebelust Hochzeit hielt,
dacht' ich an tausend Unvergesslichkeiten. Etwas fiel mir auf.

Ich musste lachen. Ich weiß exempelshalber, dass Geschäfte dort
endlos offen sind; dass Lohnarbeiter kaum Urlaub kriegen… und
dies und das. Ich zeigte schon, wie der Kapitalismus hier zum Gipfel
klimmt. War alles in mir von Tatsachen und Leistungen übertäubt?

Nein.

Aber was ging innerlich vor? — Dies:

Ich sah Bäume mit ungeheuren Wipfeln… man denkt (in solchem
Augenblick des Staunens) nicht daran, dass ihr Laub Gräsern die
Sonne sperrt.

Ecco.

Ich sah die Dinge (nur in diesem Fall!) nicht als Ethiker. Sondern
als Maler.

Seltsam. Oft wenn unsereins über den Rasen schreitet, dauern ihn
die Halme. (Man fühlt Schmerz, dass man dabei Seligkeit fühlen
kann.) Vergaß ich das?

Ein Vers, in der Schulzeit gedichtet, ging mir durch den Kopf; kna-
benhaft, grammatisch anfechtbar… doch voll innersten Ernstes:

Ich bin ein Mensch, der, wenn ich ruhevoll

Und froh zurückgelehnt im Wagen sitze,

Noch an den Schimmel denke, der ihn zieht.

War das weg? — Nein…

Es sprach leiser.

XII

Warum?

Weil auch die Ärmsten dort stark und hoffend sind. Weil ihr Herz
nicht erwartungsfern ist. Weil sie zwar im Schmutz wohnen, aber

nicht im Unglück. Weil Aufstieg vor ihnen dämmert. Weil noch im Dreck der Bowery das Bewusstsein fluschend-reicher Fülle dort ein Trost wird. Weil mancher seinen Teil davon morgen bezähmen kann.

Ich glaube: die Summe der Qual ist in Deutschland größer für den Einzelnen. Sie war es vor dem Krieg. Es gab in Deutschland (bei mehr Staatsfürsorge) mehr Demütigung.

Ich glaube: der Pennylose drüben atmet herzhafter als der Kleinbürger bei uns.

XIII

In Cuxhaven erfuhr ich Bernhard Huldermanns Tod. Undenkbar!… Wir hatten vor der Abfahrt zuversichtlich geredet — im Hapag-Bau (von dessen Stirnseite der Spruch: »Mein Feld ist die Welt« nur vorübergehend geschwunden ist).

Da starb ein schweigsamer, prachtvoller Mensch, mir freundschaftlich seit einem Jahrzehnt verknüpft. Zwischendurch schrieb er mir von Plänen für die Zukunft. Einmal, als er in London, umschwirrt von Arbeit, zu William Turners Bildern schlich, kam er mir doppelt nah.

Derweil ich Lebensvollstes drüben erfuhr, ging unter dem Messer des Arztes sein Leben zu Ende.

Sie haben einen guten Mann begraben.

XIV

Jetzt, als das Schiff am Pier lag, fiel mir zum erstenmal auf, dass unsre Küste nicht aus Fels besteht…

Alles hier war — mehr traut. Hm.

Um Harburg lag die Heide fern im Frühlingslicht. Ich dachte traumdösig an Heideflecken, an Fallingbostel, Walsrode, Soltau — wo wir vor zwei Sommern (weißt du noch?), von der Nordsee kaum getrocknet, uns in der dünnen Sonne gefläzt…

Ich fuhr nach Hause.

XV

Noch einmal zog Entferntes herauf — das Gewimmel, die Dämmerung über Dächern, der Lichtrausch millionenfältig, die donnernd durchraste Stadt unter der Stadt, die Berge von Früchten und Waren, die tickenden Ferndrucker, die Mammuthallen von Wolkenhotels,

die Schreibzimmer der Schiffsmagnaten, Börsenschaubilder mit
Menschen davor, Eisenbahndome, jagend aufblitzende Lifts, mar-
morne Schächte des Billionenviertels sausend schwindlige Rapidheit
von Zeitungsmaschinen in bläulichem Glanz, Heere von Autos, Mimen auf Brettern, Frauen in Duftkleidern, der stille Campus einer
Universität, der Friedhof — über allem ein schmeichelndes, klang-
tiefes, fast klagevolles Negergesumm.

XVI

Deutschland ist ein romantisches Land. Und Berlin (ich hatte das
im Mai 1914 gespürt, wie jetzt) — Berlin ist ein Kurort. Ein lau-
schiges Plätzchen.

Wirkt bei uns das Dasein heute schleichend und klein: so liegt wenig daran, das zu buchen; und viel, es zu ändern — mit aller Kraft.

Glücklichere Tage werden kommen. Wir erleben sie noch.

XVII

Mittlerweile verlangt man aus diesem Gefängnis, das dem Herzen
teuer ist, abermals hinaus — in windumwehte Striche, wo der Krieg
nichts zertrampelt, der Friede nichts verrottet hat.

Adieu, New York.

AMERIKA-POSTSCRIPTUM

Im Jahr 1914, beim ersten Besuch New Yorks, schrieb ich… Hymnisches. Für meinen Erdengang war das alles damals, ja, nicht nur ein Eindruck: sondern ein Einschnitt — auf dem Grund einer neuen Entflammtheit oder Verzauberung.

Das damals Geschriebene steht in meinem Werk »Die Welt im Licht« Ich setze davon bloß etliche Stellen her.

Das Mal

Beim Hotel sah ich zuerst ein Wolkenhaus in der Nähe. Nur ein älteres.

Plötzlich stand es da. Ein Beben in den Hirngängen. Sehe dann das »Plätteisen«; Flat Iron. Beide sind nicht die höchsten (Woolworth Building, das höchste, hat sechzig Stockwerke).

Eine neue Art von Schönheit; nicht bloß Zweckbauten mit Geprotz und Gehäuf und Massung, sondern: eine neue Art von Schönheit.

Ja, es gibt kein milderes Wort als das Wort Erschauern für diesen Eindruck. Habe vieles in der Alten Welt gesehn: nie so umkrempelnd war das Gefühl wie vor dem frechen Werk dieser Menschen.

Die Hagia Sophia in Ehren; Rom und Florenz in Ehren; die Pyramiden in Ehren; sie entdämmern… Ein Dreiecksbau, mit einem Fenster Front, schmal ins Unendliche wachsend; steilster Mangel an Ehrfurcht. Wie hingefetzt. Ein Steinschnitt, riesengroß.

Schwindel ist es, dass hier Emporkömmlinge prunken. Emporkommende satzen ein Muster. Klassiker ohne es zu ahnen.

Flat Iron; Himmels-Triangel mit gerundeter Ecke. Steile Vermählung des Schlanksten mit unverrückbarer Kraft. Und hold in dieser Größe, dass man es in die Hand nehmen will. Spielen damit.

Lauter Schreibstuben. Ein Pronunciamento gegen Barbarenschaft. Ein steinernes Mal des »Ja-also!«

Schönheit! Schönheit! Schönheit!

Eine neue Liebe lebt in meinem Herzen; sie heißt: New York.

Broadway

Die Straße Broadway ist vier deutsche Meilen lang. Dreißig Kilometer.

Ich kenne den »Strand« von London; beging die Boulevards; zog in Kairo durch die Muski; träumte von Babylon: sie entdämmern. Das war eine Zierlichkeit. Hier kommt ein andrer Rhythmus.

Da ist es ja, endlich. Was man immer sah — und nie gesehn hat. Guten Tag!

Oben, unten, in der Mitte… ein gemeistertes Verkehrsrasen. Eine Genugtuung. Etwas Fliegendes, nicht Schwitzendes. Drei Bahnen übereinander in ewigem Bewerb; unter dem Boden, auf dem Boden, in der Luft. Die luftige gab es schon anno… 1873. Als müde Pferdchen bei uns trabschlichen. Und so lang ist die Straße, dass mir einer sagt: »Wenn ich von Ihrem Hotel zu meinem Office rasch gehn soll, ist viereinehalbe Stunde nötig — beides liegt am Broadway.«

Die Mittel von Berlin wirken dermaßen langweilig,… dass man zur Ruhe nicht kommt. Ruhe fand ich hier: weil es rasend geht.

Wir Deutschen sind in der Mitte zwischen Orient und Amerika. Bei den Arabern spielt Zeit keine Rolle. Amerika lebt mit der Uhr in der Hand… Wir in der Mitte.

Will man unter der Straße Broadway dahinfahren, so steigt man, soll es eine kurze Strecke werden, in den Lokalzug. Eine große: in den Express. Expresszüge gibt es auch senkrecht in die Höhe dort, in den Wolkenhäusern. Expresszug ist Ruhezug.

Express ist: ruhig. Ich öffne den Hahn meiner Wanne bei uns, — einmal wird sie voll. Ich öffne den Hahn im Hotel am Broadway — es gibt keine Unruhe, denn sie hat sich schon gefüllt.

Ich komme bei uns in ein Haus. Der Pförtner kriecht zagend, behäbig heran, zweifelt, ob er wirklich soll, öffnet schließlich den Schacht mit Gründlichkeit… und einmal fahren wir hinauf. Dort aber flog ich im Eil-Lift zum vierundfünfzigsten Stockwerk eines Hauses. O wundersame Ruhe. O Erwartetes! Ich sage nicht: »So steigst du denn… schönste Tochter des größten Vaters… und so… endlich zu mir nieder… « Nicht jambisch.

Aber ich liebe Bahnen, die eilen; Wannen, die sich füllen; und Lifts, die gehn.

Oben

Stand oben im größten Haus der Welt, zu dem das größte Schiff der Welt mich getragen.

Es ist Mai 1914, dacht' ich.

Sah hinab auf die Straße Broadway; sah auf die Bucht. Sah auf nie gesehne Brücken, welche zur Insel Manhattan Festland gliedern. Sah auf den Wirbelfluss mit schwimmenden Bahnzügen, auf tausend lange Dockschachteln, auf andre Wolkenhäuser, auf Rauch, Eisen, Gekribbel, auf Sommerglut, schattige Zyklopenstraßen, verdunstende Fernen. Sah Oien und Seeluft.

Es war im Mai 1914.

Sah Gold und Gestein im Hause selber; denn aus Gold und Gestein und Glück ist es erbaut. Überladen. Ein Kitsch. In der äußeren Gestalt schlimm, weil es Mailänder Dom spielt. Nichts von der geniehaften Sachschärfe des Flat Iron.

Das größte Haus der Welt ist nicht das beste Haus Amerikas. Doch ein zuversichtlicher Schein umfing es. Ein guter Schatten floss hinunter. Die Mittagsluft erklang.

(Es war im Mai 1914.)

Nähe

Was für ein Gefühl ist es, das in den Straßen flattert? Nicht zuvor empfunden...

Womit verbring' ich meine Zeit? Habe die besten Kritiken dieser Läufte gedichtet. Gab Möglichkeiten des Ausdrucks in einer schlafferen Menschheit. Habe für ein bestimmtes Gehölz gebaut, was keiner vor mir.Habe, die Zukunft im Geblüt, Extrakt aus Wassern geholt. Erglühungen geschenkt statt Bürgerlaternen.

Ein Quark ist es.

Man möchte hier einen Laden aufmachen — (weiß nicht, was für einen). Ich will am Broadway die Fron eines Geschäftsmannes ohne Scham... nicht auf mich nehmen, sondern schlucken, schlecken, saufen. Ich will kundmachen — einmal mehr —: dass Scham gleich ist mit Unkraft. Dass Takt gleich ist mit spanischer Blödheit. Dass verecundia gleich ist mit Furchtlüge, mit künstlicher Haltung, mit Vertuschen.

Ich gab Extrakt... und ihr gebt Extrakt.

Ich bin aufrichtig gewesen… und ihr tut euch keinen Zwang an.

Ich habe die Umschweife gehasst… und ihr seid kurz.

Ich habe mit andrem Stoff gearbeitet: doch ich war Euer.

Ich möchte hier einen Laden aufmachen (weiß noch nicht welchen) — gebt mir die Hand.

Cocktails

In einem Zimmer, über dessen Glasdecke Menschen der Straße gehn. Einmal auch draußen am Fluss bei Ben Rileyé, wo ein betagter französischer Kellner im Exil haust.

Cocktail: immerhin eine Zusammendrängung. Keine Lorke. In einem folgendermaßen der Inhalt festgestellt: Gin, Orangensaft, Zitronensaft, französischer Wermut, italienischer Wermut, Eis.

Romantik

Schichten; Gewimmel, — wo sind Menschentiere so beieinander; so viel Arten aus Käfigen? Was für Pirschzüge könnte man tun. Wieviel Wechsel zwischen Irinnen, Asiatinnen, Sizilianerinnen, Schwedinnen, slawischen Töchtern, Griechinnen, Negerinnen… ich vergaß die dazugehörigen Männer. Also die auch.

Fahret mittags durch die Bowery, — das möchte man halten! Das Dunkle, noch schmutzig Geheimnisvolle derer, die morgen Amerikaner sein wollen, in drei Geschlechtern vielleicht Weltherrscher sind mit Öl, Kohle, Druck, Stahl. Durch solche Quartiere saust man, hinter Tünchwänden mögen sie noch hocken, junge Ahnherren, junge Ahnmädel, im Dreck, versonnen in der Windel-Epoche, in der klebrigen Umschicht heut Namenloser. Man saust hindurch, — verweile doch, du bist so hässlich!

Nicht Chinatown, das ist für Fremde (wie Montmartre, wie der Canalazzo): sondern die urneue Romantik einer jungen Stadt mit ihrem Haufen der Gattungen und Stämme von aller Zeit. Nicht Romantik aus dort heimischer Geschichte, nicht schmales Erinnern an holländische Familien. Sondern an das, was gestern erst von andren Sonnen her, vom Nichts kam, Abtrünnige der Heimaten, Hoffende, die einen Strich unter etwas gemacht, Neu-Sesshafte, Wohlige, Willensschwimmer ohne die bleiernen Stiefel des Zerdenkens…

Unzermalmte, welche die Stoßkraft hinübergerettet.

Wollte sagen: diese Romantiken zu verkosten, von ihrem Werdefieber gestreift zu sein, von ihrem Stank beglückt, — das möchte man; und als der verlorenste Lump ein Leben beginnen, auch hier einmal. Einen Streit auftun; einen Kamm wiederum erklettern... unter einem andren Mond, an einem andren Meer, mit andrer Menschheit. Von vorn — das Endgiltige vorbereiten.

Erst noch ein Lebewohl sprechen. Einen Trank trinken. Einen Quell fühlen. Dann die Stirn wenden. Alles noch einmal.

Meinen Samen in diese Furche.

Das Auge

Jaget über die Williamsboroughbrücke, nachts. Schlürfet Lichter, Tempo, diese Tausendfaltigkeit, diese Flut, diesen Wildnisgesang, diesen Stahl, diese Viertelsnester oben, unten, jenseits; diesen Chor einer Siedlung in Erde, Wasser, Himmel — schlürft es; mit allen Strahlwerfern, mit allen Toren und Gerüsten, mit allem Gestein erleuchteter Senkrechten, mit allen Sternen darüber, mit allen Seelen dahinter, mit allem Salzduft dazwischen: Magischeres gibt es auf der Erde nicht: Kunsthafteres nicht; Musikmächtigeres, Phantastischeres nicht: als diese Kaufgeniestadt ohne Vorväter, ohne Szepterschauten, ohne Greuel, ohne Kostüm, ohne Kratzfuß.

Im Nüchternsten steckt alle Romantik.

Ein Lunapark... Dieser Lunapark ist aber eine Stadt, liegt so fern wie Oranienburg von Berlin, heißt Coney Island. Lichtstadt; durch eine Titanenallee tost man vorher, die niemals endet. Weit am Himmel, kilometerfern, taumeln und glühen alle Strahlwunder, schwebend, witternd, funkend, ah, schon schreiend, schmelzend, surrend, fliegend, äugend. Eine Traumkraft gewordene Vogelwiese.

Coney Island: Rummelmagie mit der Mammutkrone von Wolkenfeuer.

Niagara

Man spürt zwar, wie jämmerlich die Landschaft verhunzt ist. Irgendwo Fabriken hingesetzt, Turbinen, schnöde Nutzgerüste, knotige Zweckbrücken.

Verhunzt. Der Sinn für Landschaft geht ihnen kaum, die Zeit hierfür geht ihnen ab.

...Es ist ein Halbkreis von Fällen... Einmal steigt man in die Tiefe. Derart, dass man im Hohlraum unter, unter, unter den Fällen steht... Die Wasser donnern über einen hinweg. Und das ist...

Das ist von allem, was einer hier an Schauern und Gewalt und Glück und Furcht erleben kann, das Stärkste mit. Tief unten stehn, den Hufeisenfall über sich wegrauschen lassen: das ist es. Ölstiefel an, Ölhosen an, Ölhut auf, Ölmantel an. Der Fall stürzt tiefer, als mein Standpunkt ist. Verwehter Feinregen immerfort angepeitscht. Zwei Schritte nach vorn, das ist der Tod. Über mich schräg, rundlich, hohl, ein Weltwesen, eine geschossene Kraft.

Und wenn sie allein wäre. Doch sie kreuzt sich unten in breiten, offenen, flachen Schlünden mit andren rasenden Ewigkeitstieren, weißlich, donnernd —, oben massig, unten tobsüchtig, sie gurgeln, peitschen, fetzen in einen Schlund, dieser Schlund ist wiederum Wasser, Felsgebirge zermürbt daraus hervorächzend. Vom Hufeisen oben stürzen sie alle trennungslos herab und zerfleischen sich dann, zerreißen sich, erbrüllen sich, — unter ihnen abermals Wasser.

Eine nie gesehene Schlacht. Seit Jahrmillionen dies Gepeitsch. Dies Gesprüh'. Ohne Pause. Ohne Nachlassen. Dies Gebrüll. Dies Gekreisch. Dies Gepfeif. Dies Heulgezisch. Dieser wandergepustete Dunst. Seit Jahrmillionen dieser fegende Schaum. Dieser Rasetod. Dieser Kochwirbel. Es ist die Hölle.

Die nasse Hölle. (Die andre sah ich, als meine Augen in den Vesuvkrater blickten.)

»Kultur«

Um den Dreißigjährigen Krieg hat ein Franzmann die dumme Frage drucken lassen: »Kann ein Deutscher ein Schöngeist sein?«

Mit gleicher Dummheit fragen jetzt in Europa viele: »Kann Amerika — nicht nur eine Zivilisation haben, sondern eine Kultur?«

...Ließen sich die Menschen so gern verarbeiten von dieser werdenden Gewalt, hätte sie keine Seele? Seid ihr bei Trost?

Kürze zu haben im Ausdruck — ist es nicht Kultur? Begriffssparsam sein in allen Bekundungen des Lebens; als Entsender sich die Psyche des Aufnehmenden klar vorzustellen — ist das keine Kultur? Ein Inserat abzufassen wie ein Drama? Neue Schönheiten in die Welt gesetzt haben, neue Male der Wucht und Knappheit, neue Muster physiologisch guten Aussehens und der Freude und der trocken-spaßigen

Zuversicht (allerdings neben Sektenschund), ein neues Glück in der Ehrlichkeit zu schaffen, womit endlich einer zugibt, Geld verdienen zu wollen… ist das nicht Kultur?

Sie sind keine plumpen Riesen. Sondern flinke Riesen. Sie sind vollends zarte Riesen — halten es für eine Schande, roh zu sein. Halten es für lächerlich, Soldatenschnauzton, Affenflitter, Livreeprunk auszuhängen. Hoch blüht… schwerlich die Vergötterung der Frau, doch Schutz der Frau.

Wer »Ja-also!« sagen kann, der hat Kultur.

Schönheit der Frauen; dies freundliche Bestecken eines werten Geschöpfs mit allem, was gut ist. Fünf Kinder zu machen und für sie zu schuften. Auch wenn Millionen gehäuft sind, den Spross zu enterben, der sich drohnenhaft zeigt… Seid unbesorgt, das ist Kultur.

In den öffentlichen Blättern wird allerdings das geheime Leben des Einzelnen nicht geschont; dafür ist bei uns geheimer Verleumdungsklatsch — ohne Erörterungsmöglichkeit. Niemand kann ihn fassen.

Beginner sind sie. Noch dabei, ihr Haus zu decken. Sie werden… nicht eine Kultur kriegen, sondern eine noch größere Kultur kriegen.

Sie haben den Niagara verhunzt.

Doch wenn sie einmal anfangen, sich auf das Hätscheln der Geographie zu werfen: dann leisten sie Mammutwunder nie gekannter Art.

Dann wird ihre Naturpflege vergaurisankart sein, — und sie werden viel zu pflegen haben.

»Können Amerikaner Kultur bekommen?« — Habt ihr eine?

Dank

Rousseau warf das Tiefste seines Inneren auf ein Jungfräuliches, Leeres, Vorgeschichtliches. Ich warf es auf ein Jungfräuliches, im Umriss Erfülltes, Kommendes.

Herrlich in der Ungewordenheit; heilig im Geahnten.

Eine neue Liebe lebt in meinem Herzen.

Danke dir, Eli, Eli, dass ich dieses Land gesehen, bevor mich ein Ziegelstein traf.

So geschrieben und zuerst gedruckt am 1. Juli 1914.

ENGLAND

LONDONS EILAND

I

Die Lust, aus Deutschland herauszukommen, war groß. Nur kämpfte sie mit dem entgegengesetzten Drang: dazubleiben; in der mörderischen Wirrnis des Geburtslandes irgendwie zu handeln und zu helfen.

Die Abreise war für Sonnabend festgesetzt. Am Vormittag fiel Walther Rathenau — der Nachbar im Grunewald. Eine Stunde vor Mitternacht musste man dennoch weg. Mit allerschwerstem Herzen.

II

Am nächsten Tag an der Grenze von Holland lenken die Missstände der Fahrt zeitweilig den Druck ab. Der deutsche Zöllner in Goch sagt: »Das Gepäck ist nicht da; Schuld der Beamten in Berlin, — die senden es über eine andre Strecke.«

Himmelbombendonnerkreuzwettersakrafuffzigeinhalb no amal!!!

Also: entweder vierundzwanzig Stunden in dem Nest Goch bleiben — oder (sagt er) die Schlüssel dalassen… der Koffer werde dann (wohlgemerkt, wenn er aufsichtslos durchwühlt ist) mit dem Schlüssel gen England nachgesandt… Merkwürdig.

Man wiederholt fünfmal hintereinander das obengenannte Wort.

(Der Koffer ist nachher frech beraubt worden. So sind die Zeitläufte.)

III

Als ich bei George Bernard Shaw in London saß, erinnerten wir uns an das letzte Zusammensein. Neun Jahre her. Ein Jahr vor dem Krieg — im selben Zimmer.

Er wohnt, wie damals, in dem ältlich feinen, von Adams erbauten Häuschen mit dem Blick auf die Themse, — still, obwohl nur einen Schritt abseits vom Lärm der Läden und Hotels im Fremdenviertel.

Die längliche Gestalt; das länglich-weißbärtige Gesicht mit rötlichen Farben und wasserblauem Augenpaar: alles keine Spur gealtert.

Er ist von ruhiger Geklärtheit. War früher allenfalls mehr lächelnd; mehr mild.

Der Mann gleicht einem Schriftsteller in keinem Punkt. Sondern einem Oberförster.

(Fast einem Schwimmlehrer.)

IV

Shaw war vom Lande zur Stadt gekommen. Wir sprachen von Walther Rathenau. Noch kürzlich hatte Rathenau mir seinen Besuch bei Shaw erzählt — wie er (mitten in amtlicher Hast) bei ihm gewesen war.

Shaw sprach über den Mord mit bewegter Nachdenklichkeit. Diese Stimmung bei Skeptikern macht einen ungewöhnlichen Eindruck.

Er pries den menschlichen Zauber des Toten.

— »Rathenau war von suggestiver Kraft, auf die Gegenpartei zu wirken. Das tut heute not. Ein schwerer Schade für die Beruhigung oder Herstellung Europas, wenn man die Geeignetsten wegschießt… Bei Kriegsbeginn traf es den Jaurès — jetzt abermals den Tauglichsten für die Verhütung weiteren Unglücks… Auch Jaurès war fähig, praktische Politik zu treiben, nicht nur Ideale zu haben… «

Shaw sah ohne Empfindsamkeit vor sich hin; sachlich. Er fuhr fort:

— »Rathenau wusste Menschen zu nehmen. (Er sprach mit meiner Frau und mir, als ob er uns seit zehn Jahren gekannt hätte)… Seltsam; seine Bestimmung war irgendwie verwandt mit (bei aller Verschiedenheit eines weltmännischen Denkers von einem Feuerkopf)… mit der Bestimmung Mirabeaus: verzweifelte, verworrene Dinge durch persönliches Fluidum entscheidend zu wenden… Er hatte das Zeug dazu. Unendlich schade!«

Shaw saß zurückgelehnt im Armsessel. Vom Fluss kam das Licht — das der Andre nicht mehr sah. Die Welt lag irgendwo… mit ihrem Schwachsinn und ihrer Roheit. —

Wir sprachen dann von Lloyd George [*David Lloyd George, britischer Premierminister von 1916 bis 1922*]. Wie zwei Menschen, die letzten Endes wenig für Propaganda, mehr für Erkenntnis übrighaben…

(Fast mit einem Gefühl der Befremdung vor Agitatoren — bei allem Bewusstsein ihrer Unentbehrlichkeit.)

V

Shaw hatte gestern Lloyd George zum allerersten Male sprechen gehört. Er war entsetzt.

— »Bei welchem Anlass?«

— »Bei einem Erinnerungsfest für Meseinei.« — »Für wen?« — »Für den Italiener Meseinei.« — Ich wusste nicht Bescheid. Shaw nahm ein Blatt, schrieb das Wort auf. Es hieß »Mazzini«. Ach so.

Nach Shaws Ansicht war Mazzini beinahe Sozialist. »Aber dieser Lloyd George«, sprach er, »hatte die Frechheit (the audacity) zu erklären, dass die Landkarte von Europa heut ungefähr so aussieht, wie der Italiener es gewünscht... Ach, und diese Klischee-Plattheit eines Advokaten!« (sprach Shaw) — »solche billigen Aussprüche wie: Bisher dachten wir an den Schutz vor unsren Feinden, jetzt denken wir an den Schutz unsrer Feinde... Grässlich... Lloyd George war immer ein Rhetor, vielleicht ein Taktiker, nie ein Staatsmann.«

(Ich berichte nur Shaws Meinungen.)

Er fuhr fort: »Lloyd George ist eine Parlamentspflanze; mit allen Salben geschmiert — aber darum lange kein Politiker von schöpferischem Inhalt... Er kam im Grunde hoch, nicht indem er die Kaste der Herrschenden bekämpfte, sondern ihr diente... Lloyd George hat vor Jahr und Tag die englischen Junker (Shaw sprach dieses Wort auf deutsch) angegriffen — aber seine Laufbahn hat er nicht gegen sie, sondern mit ihnen gemacht... «

— »Hasst ihn die Rechte nicht?«

— »Nein. Bloß Northcliff; aus persönlicher Abneigung... Dieser Northcliff ist übrigens heute fast geisteskrank und todgezeichnet.« (Anmerkung: er ist seitdem gestorben.)

VI

Shaw sprach das alles nicht mit Leidenschaft; sondern mit unscheinbarer Festigkeit... obschon er hier als ein »fanatic« gilt.

Da ich Lloyd George ambivalent nannte, zog Shaw für ihn das Wort »ambiguous« vor — also »zweideutig«. (Andre glauben, dass Lloyd George zum eignen Schmerz einem Zwang unterliegt, als Koalitionsminister...)

— »Es ist«, sprach Shaw, »kein Kunststück, es ist sogar das allerleichteste, während eines Kriegs zu regieren; das kann schließlich sogar ein Hindenburg« (ich wiederhole nur Shaws Worte) — »wenn das Gesetz halb aufgehoben ist und immer bloß derselbe Punkt betont wird: Krieg fortsetzen, Krieg fortsetzen... Aber damit ist der Welt nicht genützt, Lloyd George hat in solcher Art regiert. Männer wie ihn und Clémenceau sollte man gleich nach dem Krieg auf ein Sankt Helena schicken.«

(Ich wandte mich komisch-beschwörend gegen die Wahl dieser Örtlichkeit — er lachte.)

Die großen Fotos wertvoller Leute, nämlich Rodins und Einsteins, guckten vom Bücherbrett über das vormittägliche Zimmer — wie eine Tröstung.

Shaw setzte sich im Lehnstuhl etwas nach vorn... und nahm weiter Lloyd George auseinander. Er sprach unerregt — nur wie ein Mensch, der gewisse Realwelten verachtet.

VII

Shaw sagte: »Was mit Versailles zusammenhängt, ist eine einzige Lächerlichkeit... Zwei Dinge verlangte man im kritischen Augenblick von Lloyd George. Erstens: den Kaiser zu hängen. Zweitens: Deutschland zahlen zu lassen. Er sah sich also vor zwei Aufgaben gestellt... Das erste ging nicht. Und das zweite?... Womit zahlen? — — Anfangs hieß es: Deutschland soll Schiffe für England bauen. Da tobten« (sprach Shaw lächelnd) »die britischen Schiffbauer... Folglich sah Lloyd George davon ab.«

(Shaw habe sich auf einer Reise durch die Nordstädte selbst überzeugt: Schiffsingenieure, Besitzer, Arbeiter fürchteten ausgeschaltet zu werden.)

— »Womit also zahlen?... Jetzt hieß es: mit deutschem Stahl. Da tobten Englands Stahlfabrikanten. Lloyd George sah wieder davon ab... Aber womit? — Jetzt sollte Deutschland Kohlen an Frankreich liefern. Da tobten die Gruben in Wales... und Lloyd George sah wieder davon ab. — Schließlich sagten seine Sachverständigen, es bleibe nur etwas übrig: Deutschland muss mit Pottasche zahlen!« (Shaw lachte mit dem ganzen, langen, wie frischgescheuerten Gesicht.)

Er sah Verfahrenheit, Wahn, Wirrnis... übelster Sorte.

— »Frankreich«, sprach er, »macht Erpressungen (black mail);

Frankreich weiß, dass der Vertrag unerfüllbar ist... Lloyd George wieder weiß, dass Frankreich weiß, dass der Vertrag unerfüllbar ist... Alles ein grauenhafter Unsinn. So wird heute die Welt eingerenkt.«

VIII

Er sprach nicht wie ein Mensch, der es heiter findet. Sondern dem die Seelenart der Zeitgenossen unfassbar und unerduldbar wird.

Ist er ein »fanatic«? Nur ein Träger hellen Verstandes... und des Willens zum Recht.

Er sagte, weit mehr grüblerisch als belustigt, und mit etwas stillerer Stimme: »Das feeling der Engländer, ihr Empfinden gegen das treu verbündete Frankreich ist in Wirklichkeit heute schlimmer als bei Waterloo... «

IX

Frau Shaw trat ins Zimmer. Still; bürgerlich; schmucklos. Sie fragte, mit fast mütterlicher Besorgtheit, wie um dem Gast ihr Beileid zu bieten: ob monarchistische Schlächtereien die Deutsche Republik erschüttern würden.

Alle drücken ja hier einem Deutschen etwas wie Beileid aus — zu dem dunklen Rückschlag, den Deutschland von den eignen Landsleuten erfährt.

Hass gegen uns ist nirgends mehr zu spüren. Bei dem ungeheuren Arbeitsmangel erkennt man auch, dass Deutschlands Emporkommen wichtig für England ist.

(Abgeordnete der Lloyd-George-Partei haben es mir dann bestritten. Davon später.)

X

Einmal sprachen wir über die Sowjets. Shaw redet von diesen Russen mit ernster, nicht kritikloser Zuneigung.

Er sagt: »Sie waren ja zunächst Studenten, Idealisten, Nichtpolitiker, — sie hatten sich erst einzuarbeiten; verlangt nicht gleich Unmögliches; ihr Werk war übermenschlich schwer, und noch ist nicht aller Tage Abend... Eines muss man lieben: sie sind keine bloßen Taktiker, — sondern wollen bis ans Ende gehn.«

Wir sprachen von Strindberg; Shaw erzählt mir ein komisches

Zusammensein mit ihm. (In Stockholm.) Vorausgegangen war ein Brief Strindbergs — englisch, deutsch, französisch, durcheinander. Strindberg zeigte sich dann überaus scheu; was ein Näherkommen hinderte. Plötzlich sprach der Schwede, mit einem Blick auf die Uhr, den auffallenden deutschen Satz (Shaw wiederholte den Satz auf deutsch): »Um… zwei… Uhr… werde… ich… krank… sein«… So gingen sie auseinander.

Von Hauptmann verehrt Shaw sonderlich die *Weber*, das *Friedensfest*, die Werke der ersten Zeit. Auch mit ihm ist er zusammengetroffen — und empfing einen wundervollen menschlichen Eindruck.

XI

Wovon wir auch redeten — triebmäßig kam Shaw auf Walther Rathenau zurück. Mit einem Ton, ernster als der kühle Klang seiner Schriften.

Er brauchte für den Gefallenen das Wort: charming.

(Ich erfuhr nachher in England, welche Wirkung selbst auf die Widerhaarigen im Parlament Rathenau geübt hat.)

Zwischen Shaw und mir wich das Gespräch zeitweilig einem gewissen Dämmern.

Zuvor auf der Straße war zweierlei Nachdenkliches aufgefallen. An den Mauern hafteten große Druckblätter mit der Inschrift: »Das englische Pfund ist nur noch elf Schillinge wert«. Und Zeitungshändler riefen: »Bürgerkrieg in Irland«…

XII

Noch in Bernard Shaws gefriedeter Wohnung, zwischen Büchern, Bauerntellern, Töpfereien, Bildnissen, spürte man, dass eine Welt (die Welt, in der ein Heutiger die kurze Frist des Hierseins zu verbringen hat) auf der Kippe steht.

*

Dennoch blüht hier ein verhältnismäßig glückliches Land.

Ich will fernerhin schildern, was auf dieser Insel heute vorgeht — auch ihre Heiterkeiten, ihre Pracht… und ihr unentwegt kräftiges Essen.

LONDON NACH DEM KAMPF

I

Ich kam aus Amerika — und ging nach England. Wieder eine angelsächsische Welt? Sind London und New York nicht sehr ähnlich?

Die stärksten Gegensätze.

Nach einem herrlich maßlosen Land… das besonnenste. Nach betäubender Jugendwildheit… strenge Form des Geschäfts. Nach dem Volk ohne Ferien… ein Volk mit Weekend.

New York ist voll Neu-Gier… London gesetzt.

New York farbenheiß… London ein Nordplatz.

New York ist nebenher die Stadt der vielen Autos; London die Stadt der vielen Busse… Londons Börsenviertel zeigt Andrang — doch nicht blutaufreizendes Rasegewimmel wie Wall Street und Broadway.

… London: das Talent. New York: das Genie.

England hat eine Geschichte; Amerika eine Zukunft.

Vom Krieg ist Amerika kaum berührt. England gestreift. Frankreich verwundet. Deutschland zerfetzt.

II

London riecht, immer noch, nach drei Dingen: nach opiumsüßem Tobacco; nach Eiern auf Bratspeck; nach Lamm. (Während Frankreich stets nach petit caporal roch und nach Anis — vom Absynth.)

Immer noch hat London seine herrlichen Häuser aus dunkelndem Gestein… worüber was Weißes hinabrann. Wetterfest; gebändigt; erdüsternd. In Park Lane hinreißend. (Architektur der Geborgenheit.)

Fern hiervon die Häuserchen von Hampstead, aus dem Ei gepellt… alle fast aus demselben Ei. Fern wiederum davon Whitechapel.

… Abends Piccadilly, Coventry, Haymarket — gedrängter Glanz. Gesicherter Glanz.

Immer noch die zottigen Löwen unter Nelson. Immer noch die Wallwände der Towerburg, gruselig senkrecht — mit dem Schafottplatz, wo Ann' Boleyn ihre abgebrauchten Lippen samt Umgebung verlor.

Unter dem Harnisch des Gemahls hängt aus Eisendraht sein Jumper.

Der Wärterich in roter Maskentracht sagt, mit einer Pupille nach den Eintrittskarten, immer noch: — »'kyou«; nämlich »thank you«.

III

Das Cab starb aus — der zweirädrige Wagen, wo der Kutscher hinten und hoch saß.

Neue Denkmäler… War Wilhelms Onkel, Edward der Siebente, schon vor dem Krieg errichtet? Jetzt reitet er zu Ross durch die Jahrhunderte — gleich bei der deutschen Botschaft.

Vor Exchange die Säule für die Gefallenen. Zwei Krieger lebensschlicht, mit Gewehr und Wickelstutzen. Nichts Hochtrabendes. Nur zum Erinnern. (Oben ein bescheidenes Löwchen mit etwas gesträubtem Schwanz — als wollte man von diesem traurigen Ruhm kein Aufhebens machen.)

Alles das zwischen Börse, Wellington, Bank von England. Geschäftsgegend gilt ja hier nicht als unheilig.

Für die Gefallenen setzt manche liebende Hand einen Blumentopf an den Fuß des nirgend umzäunten Sockels. Oft einen Feldstrauß. Immer stehn Leute davor. Sehr still. Meist Frauen…

IV

Hinter Trafalgar hebt sich, gemeißelt, eine Pflegerinnengestalt. Mit ruhigem Ausdruck in ihrem Schwesternkleid. Das ist Edith Cavell. Erschossen von der Leitung des deutschen Heers. Das Datum ihres Todes ist in die Säule gemetzt.

In Westminster, wo neben Dichtern und Maria Stuart und Darwin der Kopf des uns nicht freundlichen Joseph Chamberlain aus der Wand guckt, — in Westminster liegt heute der Grabstein des »unbekannten Kriegers« aus England: »unknown by name or rank«.

Mit der ewig penetranten Jahreszahl: 1914-1918.

V

Das Gewimmel ist stärker als vor dem Krieg. Theater, Brettl in der Season für Wochen ausverkauft. Menschenschlangen vor den Kinos... Dabei viel Arbeitslosigkeit; sie kostet Geld. Sehr, sehr hohe Steuern. Ich nannte schon die Straßeninschrift: »Das englische Pfund ist nur noch elf Schillinge wert«. In Rotton Row reiten ein paar Leute weniger. Wer früher acht Dienstboten hielt, hat jetzt fünf. Weil die Zeiten schlecht sind... bloß fünf.

Was man Gesellschaftsleben nennt, ging zurück. Es schlüpft in Wohltätigkeitsfeste. Mancher schafft sein Auto ab — somit ein Zeichen sozialen Elends... Vieles kostet noch um die Hälfte mehr; vieles schon den alten Preis. O, hätten wir diese Not in Deutschland.

Seidne Hemden für Herren zwölf Schillinge. Seidne Schlafanzüge siebzehn (orangefarb und modegelb gemischt)... Mit einem Wort: Not.

Aber die Lebensmittel stehn hoch im Preis — ein Ei kostet in London zwei Kupfermünzen. Hätten wir um zwei Kupfermünzen ein Ei... statt einer Politik, die nicht zwei Kupfermünzen wert war.

VI

Frauenkleider in Gesellschaften sind manchmal entzückend schwarz. Tief ausgeschnitten (das Kleid ist eigentlich ein Schulterbandl) — mit schwarzem Umnehmetuch. In Paris gemacht.

Aber das bleibt ein besonderes Kapitel, für Maler.

Um etliche Schillinge gibt es folgendes Mittagsfrühstück: gebacknen Hummer mit Reis und indischer Sauce; dann Roastbeef; frisches Gemüse, junge Kartoffeln, samt Pie oder Blätterteig; dann »Erdbeer-Montblanc« mit Eis und Sahne. So täglich. (Hummer ist der beste Koch)...

Stout, der schwere schwarze Trank, schmeckt nun etwas leichter. Immerhin geht er in die Füße.

VII

Was ist der Kern? — Zwar misslichere Zeit... aber ein Land ohne Schuldknechtung. Der insulare Magen behielt den großen Zug.

Die Landschaft ist glücklich — wie zuvor. England bleibt nach dem Weltkampf der gleiche grüne, väterisch-herrliche Garten. Voll laubdicht schwerer Bäume, mit Saftästen, die fast wollpelzig sind. (Das macht die grüne See.) England ist eine einzige, zaubervolle Trift, immer noch. Nicht für Kartoffelbau... sondern für Schönheit. Nicht ein Zweck… sondern ein Anblick. Mit kennenswertem Getier.

Alles im Grunde wohlhabend und heimisch. Immer noch gibt es in England »nur Qualität« (wie der Neu-Märker sagt). Kein Geprotz.

Der Kirchenbesuch soll heut in London schwächer sein als vor dem Krieg. (Das wäre!…) Sonst alter Glanz der Hauptstadt. Flugdauer nach Paris: zwei Stunden. Mit einem Worte: Not.

VIII

Als Maler setz' ich noch ein paar Züge her.

Nach Tisch bei Gesellschaften (aber getanzt wird bloß noch öffentlich oder in Klubs) — nach Tisch sondert sich die Damenschaft von den Männern, geht hinauf, über Kleider, Sammlungen, Jungfern, Sport zu sprechen… der Hausherr aber sagt zum Gast: »Rücken Sie näher«. Die Männer bleiben, reden, rauchen.

Immer noch entzückende Häuser für Gäste; zumal am Hyde-Parkcorner. Von unten bis oben mit leisem Geschmack betreut. Alles wohnlecker; unauffällig. Zwischendurch manches gute Stück ernsten Gedenkens. Die Damen sind ohne Alter — sie bleiben in der Zeit stehn: seltsam veränderungslos.

Es gibt in London kein hässliches Frauensbild — bei meinem Eid. (Oder doch: die dürre Provinzkreatur mit schmal-knochiger Nase; hinwäch!)

Wer Glück hat, trifft in Abendgesellschaften irgendeine noch junge Gouverneursfrau… von angelisch-komfortablem Reiz.

IX

Das Zeremoniell ist nach dem Krieg verringert. Viel weniger Förmlichkeit. Aber Dienstboten eines Hauses, auch ohne Butler, verlangen für ihren Esstisch besondere Blumen.

Der Zylinder schwand… Am Schluss eines Dinners gibt es (ernste Sorgen!) statt des Käses heute Röstbrot mit zerschnitzeltem Räucherfisch. »A la Blenheim.« Oder mit gekräuseltem Lachs. Der Portwein wird am Schluss des Mahles gereicht. (Wundervoll war der beim deutschen Botschafter.)

Darin liegen von den englischen Umwälzungen die sichtbarsten; sie sind mit ehernem Griffel hier verzeichnet.

X

Vordem krochen Londons Männer aus der Tiefbahn, aus den Kutschen der City, und rannten dahin, oben schwarzglänzend, einer wie der andre. Wie Expressionismen, puppenhaft.

Solcherlei Uniformität ist nun weg — weil der Zylinder schwand. Mancher im blauen Jackenanzug trägt allenfalls diesen Top-hat, mehr nach hinten. Wohlhabende kaum. Selbst abendliche Londoner im Frack hissen die Melone. Betagte Herren zwar doch den Seidenhut. Der graue Zylinder, mit schwarzem Streifen, blinkt nur manchmal im Parlament. Häufiger auf Sportgästen… Alter Bestand. Gewesen. Vorbei. Um.

(Was vergangen, kehrt nicht wieder, aber ging es leuchtend nieder, leuchtet's lange noch zurück. Das Alte stürzt, es ändert sich die Zeit, und die Melone blüht aus den Ruinen. Selbst weichgeknifter Filz — das Schicksal will's.)

XI

Ein Künstler, der hier herumäugt, findet folgendes:

Die Londonerin ist heute nicht so angemalt wie vor dem Krieg. (Nur Gesichtscreme.) Das Haar trägt sie jetzt über die Ohren… Ganz junge kleinbürgerliche Bälger in schlichter Stadtgegend, siebzehn Jahre, haben kurze Kleidchen, kaum über den Popo.

Kellnerinnen im guten Gasthaus blicken wie Pflegerinnen. Weiße Stirnbinde; mittendrauf ein schwarzer Streif. Schwarze Gewandeln, weißer Schurz. Sind halt hübsche Menschen.

Wichtige Neuerung notleidender Völker: die Ladies haben ein Cape genau von der Farbe des Kleides. (Das muss sehr kostspielig sein… Sehr kostspielig muss das sein.)

XII

Vorwärts, Maler!…

Regent Street. Was du willst. Zweigstellen vom Louvre. Auch Galeries Lafayette. Unweit: Peter Robinson. Dents Handschuhe. Liberty. Alles da.

Abends üppiger Geschmack. Manilatücher. Gelbe Spitzen… Violettes Kleid — mit ebenso violettem Mantel von Samt. Karminkleid… mit Karminmantel. Pelze! Zobel! Der Schuhabsatz aus nachgemachten Brillanten.

Spinnwebige Schals. Scharlachne Duftmäntel. Scarves für Weiber (das ist die Mehrzahl von scarf).

Und irgendwo Sommerhüte, violett, rosa, geschweift, nicht niedrige Form (O Zeitgenossen) mit tücherartiger Umwindung, stumpfbunt. Auferstandener Gainsborough? Solche Hüte zu vierzehn Schilling. Blaue, ganz durchbrochen, ohne Band, vastehste, sieben Schilling.

Ha, Brokathüte, rotgoldviolett, alles zackigstreifig durcheinanderschießend…

Ein Gewand von blass-erdbeernem Seidenkrepp. Trug so was Ernest Cassels Enkelkind, Lady Mountbatten? Jetzt mit dem Vetter des Königs getraut, — und »Queen kisses the bride« schrieben dick die taktvollen Blätter; »Königin küsst die Braut«… »Richest girls wedding«.

XIII

»Schließt, Augen, euch«… Umhänge von fellartig bunter Seide, flausch-locker bestickt, rosagoldviolettgrün durcheinander; himmlisch. (Notstand)…

Und ein braunes Schleierkleid mit weich-metalligen Fäden in Gold-Grün-Brennendrot, diese Farben auf dem zarten Braun wie Flammen erglühend; ausgreifend; leuchtlodernd. Die Netzhaut singt.

Musik für Künstler.

Das hellgrüne Wams dort, mit Schmalgürtel, und vorn hängt einfach was breit runter, ein grüner Samtfleck — huch!…

Lichtblau, handbemalt… Und hier (O Whistler!) ein still Ersterbendes in adligem Grau. Matte Silberspitzen…

Dann, hinwiederum, herzhafte Kimonos; kiek! Und Chinesenschals; exempelshalber der ganz schwarze, der stumpfschwarze, bedeckt mit seidnen, seidnen, seidnen Apfelblüten… Fest haltet's mich!

XIV

Die High Street von Whitechapel hat stärkeren Betrieb als vormals. Auch Cambridge Road, nebenan. Oder Houndsditch, wo Bolschewistenvorläufer sich einst verschanzten… Whitechapel ist nun gradenwegs eine breit-helle Schmuckstraße. Mit frischer Luft; mit frischem Leben. Und halb so schlimm wie sein Ruf. (Bin früher manchmal im Abendanzug heil hindurchgegangen.)

In Whitechapel fand ich die englischen Minstrels von ehedem wieder: Straßensänger — mit rotbemalten Nasen und Backen. Tanzen, singen zur Guitarre, zur Trompete.

XV

In Whitechapel geht das Blatt *The Communist* um. Hoffnung für die Arbeiter in der Dritten Internationale. Sie lachen, weil alles auf Geld hinauskommt… Bilder gibt's hier, wo der Bergmann vom Sozialisten verlockt wird, dem Unternehmer »die Hand zu reichen« — bis der ihm Hand und Arm ausreißt.

In Whitechapel schmettern die Economic Slaves, Wirtschaftssklaven, ihr eignes höhnisches Lied, mit dem spottenden S: »God save the king«.

Mittendrin eine Methodistenmission. Unweit Schauspielhäuser mit jüdischem Theaterzettel.

Namen: Silberstone; Deitsch; Freedman. (Gleich dem Müller, der sich sofort Miller; gleich dem Schmidt, der sich sofort Smith nennt.) Viel hebräische Schilder. Vor einer Brauerei die lange Tafel der Gefallenen. Wieder die Zahl: 1914-1918; uäh!

XVI

Marktgewühl… In Whitechapel wird besseres Gemüse, mehr Fischkreatur, mehr schieres Fleisch verkauft als auf dem Bauernmarkt von Halensee.

In Whitechapel sieht man zerdachte Gesichter. Auch grimm-energische; lebensvoll; mit ungeschwächtem Trieb; noch nicht vertreibhaust… Bildschöne Frauen darunter; blühgesund; schwerwandelnd.

Aber die jungen Mädels, die lachen. Manche mit kostbarem Antlitz über dem Umschlagetuch.

Kleine Kalle! Schicksel, holdes! die Königin wird dich küssen — wenn du viel Geld hast.

POLO; PUNT; POSSE

I

Dankbar bin ich englischen Freunden für die Einführung in den Ranelagh-Club, — der bei London Sportgründe seltener Art besitzt.

Vor Mitgliedern und Eingeführten (es waren eine ganze Menge) focht hier der Prinz von Wales einen Polokampf; auf der Seite von drei Oberhausherren wider vier Unterhausherren.

Der Herzog von Westminster stritt bei ihm; auf der Gegenseite Sir Philipp Sassoon, welcher gewissermaßen der andre Rothschild ist; und im Hintertreffen Winston Churchill; von bekannteren Namen.

II

Das Spiel selber, Fußball zu Pferde, verblasst gegen das Drumunddran. Das Nebenher wird ja Hauptpunkt — wie auf jeder Jagd. Ich weiß es von allen Seehundsfahrten. (Vollends vom Stierkampf! Eine Französin war im Recht, wenn sie nach dieser blutigen Schweinerei zu mir in Sevilla sprach: »Mais c'est beau comme couleur.« — »… Aber hübsch als Farbe.«)

Polo ist hübscher: weil kein Ekel über Grausamkeit herrscht. Weil die Pferdchen fast vermenscht sind; sie spielen aus Leidenschaft mit; sie zeigen die Gier, zu gewinnen; die Pferdeln haben gewiss ihren eigenen Polo-Club.

(Ich denke mir die übrigen Ponies in Zeitungen blätternd: welche Mitrösser gestern gesiegt.)

III

Bezaubernd, wie ein leidenschaftliches Scheckerl ausgreift. Ist es ein Gaul oder eine Katze? Sie stürzen auf die weiße Kugel — die von den Reitern mit Harken gejagt wird.

Es scheint: die Pferdchen gucken rascher als die Herren. (Ihr

Volksstamm sieht ja Kleinstes an Bewegungen — wofür wir zu dumm sind.)

Die Teilung der Tätigkeit ist wohl so: dass die Reiter mit der Harke, die Ponies mit dem Intellekt arbeiten.

IV

Ernst oder Spaß — das Bild erinnert irgendworan… Ja: an die »fantasia« der Araber. Auch hier so ein blitzschnelles Ausschwärmen, Wegfliegen, Hinrasen, Wenden zu Pferd. So ein Rudelreiten, Sichlösen, Zerstieben, Sammeln, Knäueln, Entwirren, Auseinanderflitzen — bis die weisse Kugel durch das Tor ist.

Beglückender Augenreiz. (»C'est beau comme couleur.«)

V

In dem zaubervollen Club Ranelagh scheint jeder Farbstrahl sozusagen lovelich gedämpft, abgepasst, zartgestumpft. Alles auf dem kurzen, juchzgrünen Rasen ist weiß und rot. Rings Weiß und Rot. Der eine Reiterschwarm weiß, der andre rot — auf dem Grün des Lichtgrases.

Noch die Schwärme von Wärtern und Gärtnern sind oben rot, unten weiß… Vor dem Clubhaus rote Geranien, weiße Lilien. Jeder Pfahl: halb weiß, halb rot — auf dem grünen Grund.

VI

Ein Duft von frischgeschnittnem Gras und edlen Blumen. Alles voll Ruch und Umwehtheit. Fernbegrenzte Wiesenflächen. Teiche mit weißen Seerosen. Inselchen mit einem Urbaum drauf. Rotbuchen auf der Trift. Lichthalden. Rosenbekletterte Gänge.

Wunderbar.

(Nebenbei rote Brücklein, braune Brücklein; Tempelchen; grünverschollne Standbilder; Säulen mit Köpfen. Ein sandsteinalter Pelikan irgend in einer Flut… Flauschiges Moos, Farren, Hügel. Porig alte Grotten über dem Wasser dachen ein Bootshaus. In vergessen-steinernen Körben bröckeln versteinte Sträuße. Rauschendes Quellgelall. Und Baumschlag — aus Bilderbüchern… Ecco.)

VII

Das hört nicht auf… Das hört nicht auf.

Taxusschnitt. Blau-dichte Lebzäune. Leuchtgelb schnurgrade Hekken. Seltsam gelbe Baumsiedlungen. Rittersporn! Efeu! Ketten von goldnem Blattgesträuch, dazwischen Flammenbeete.

Wonnen — aus verwöhnter, stammgesessener, behagensvoll eingewohnter Zeit.

(Mittendrin Plätze für Tennis und Crocket. Sie spielen Crocket mit spaßig langen Hämmern am Stiel. Statt seitwärts zu schlagen, schieben sie — seh' einer an! Kochen auch mit Wasser. Jeder Schub wichtig; fast in brütendem Ernst.)

VIII

Clubpavillon mit indischen Teppichen, verjährten Stichen, exotisch feinem Duft. Gewählt… und wie zu Hause. Zimmer eines verschollen reichen Kurorts — mit anheimlichen Möbeln, Vasen, leis parfümierten Teppichdecken. Die Teeterrasse davor.

Durch die Clubstuben mit offener Gartentür gehn Damen und Herren; oder sie hocken und lesen. Sealpelze. Parfüms. Der Springbrunn draußen rinnt. … Und an alledem fließt die Themse vorbei.

IX

Die Zuschauer des Polokampfes waren, obschon ganz heiter und frisch, nur von der gemäßigten Aufregung erzogener Menschen.

Erzogener Menschen — die man auf diesem sittigenden und anständigen Eiland mit ernster Dankbarkeit so häufig trifft.

Die roten Bedieneriche gaben den Tee. Weißbrotscheiben fesseln mich kaum, — doch der englische Kuchen, mit Ingwer und Cardemom und sonstwas. (Wie das Ingwerbier, ginger ale, zur Sommerzeit… in Suffolk. Schön war das damals. Eoh!)

X

Der Prinz von Wales, dieser Behang für den Mittelständer eines Weltreichs, ist achtundzwanzig Jahre; sieht jünger aus; fast weiblich, mit unbeschriebenem Antlitz.

Mädelhaft schlenkrig ritt er, doch voll guten Willens — und schlug mit der Harke fast immer fehl. Dann hilflos neben den Reitern.

Aus des *Knaben Wunderhorn* klagt es:

Wo soll ich mich hinkehren.

Ich armes Brüderlein?

Jedoch war er ganz gewinnend in solcher gutartigen Kümmernis… Die Mitspieler jagten die weiße Kugel durchs Tor. Schluss des Kampfes.

Die Prinzessin Arthur von Connaught übergab dem Prinzen den silbernen Preis. Er hatte gesiegt.

XI

…Kein Club, sondern volkstümlich ist Henley. Von London eine Stunde. Massenziel, bei der viertägigen Regatta.

O heilsame Themselandschaft. Hügelbuschungen in der Gegend von Reading…

Reading? War es dort, wo Oscar im Zuchthaus gesessen hat?

Er schritt wohl in der Sträflingsschar,

Im Anzug grau und schlicht,

Mit leichtem Schritt, ein Käppchen nur

Beschützte sein Gesicht,

Doch nimmer sah so sehnsuchtsvoll

Ein Auge in das Licht.

Die Zuchthausballade… Vorbei. Bloß den Hut ab.

XII

Wiesen! Kleine grüne Wände seitwärts — und ein gekringelter Fluss.

Am Ufer redet ein Bootsmann zu mir… es klingt ungefähr so: »Du ju leik ä Panzer?« Was bietet er mir an — ein Panzerboot? Er meinte jedoch: »Do you like a punt, sir?« Dies punt ist ein langschmales Fahrzeug, das man hinten staakt.

XIII

Gleißende Luftballons an Schnüren in Menge. Manche riesenhaft. Weißblau, gelb, grün. Dazwischen phallisch langgestreckte… Sie strahlen Farbtupfen in die Natur.

Gedrängte Bootmassen, prachtvoll in Selbstzucht. Durch eine Leiste bezirkt. Man sieht vom Sattelplatz lauter wippende, schwebende Ballons auf dem Wasser.

Männer mit Jockeymützen, gelbe Borten auf blauer Jacke — sie schreiten am Ufer hin. Die rote Fahne der Strompolizei. Farben, Farben, Farben. Ein lila Ballon schwimmt als Boje.

(Das Volk — mit braungedeckelten Esskörben, Thermosflaschen… Die feine Menschheit schmaust im blumenleuchtenden Frühstückszelt.)

XIV

Herren mit rosa Strümpfen, rosa Kappen, weißen Hosen, blauen Jacken.

Immer Farbflecke: das sind Frauen, rings im Bootgewühl. Orangenhüte. Bluthüte. Gelbe Sweater. Veilchenfarbene Burnusse… Lichtgrüne Segel zusammengedreht, als Torbogen gespannt. Tribünen; Farben der Leuchtballons; zitterndes Wasser.

Ha! Hermelinjacke, bei sahnenfarbigem Rock. Dort Hüte wie ausgekrochener Kanari. Weibliche Gummimäntel aus grünem Glas… Farben, Farben. Alles in einer gedämpften, behaglichgrünen Landschaft.

XV

Los! Ein Kahn flitzt voran — wie er will.

Bravo… Wie lange geht es weiter? Pausen. Vorstöße.

Halt — jetzt eine Wandlung: Regen fällt… Auf allen Booten wachsen Schirme. Schirme. Gibt es in einer Stadt so viel Schirme?… Doch die bunten Farben sind im Grau des Himmels köstlicher; will sagen: noch stumpfer.

Es gießt. Es pladdert. Es preescht. Es plumpst. Es knallt…

Es regnet Bindfaden; Stricke; Taue; Säulen…

Der lila Ballon wogt im Tropfenfall auf dem Wasser.

XVI

Unterdes fragt etwas im Innern: Ist Sport ein Gegensatz zur ernsten Kunst? (Wie der bekannte Gegensatz zwischen Muskelmensch und Hirnmensch?)

In Hellas, lernt man, hat beides nebeneinander geblüht. Aber wohl nicht im selben Leib… Nebeneinander? Ja. Mitsammen? Kaum. Hat der Läufer von Marathon gedichtet? (Vielleicht ein Expressionistendrama — indem es Berührung mit Turnkunst zeigt.)

Auf den Niedergang wirkt andres. Der wackre Arthur Collins in London, welcher die Ausstattungsbretter von Drury Lane seit einem Vierteljahrhundert betreut (er spielt jetzt ein farbenreiches Kreuzfahrerstück…), sagt mir: »Ernste Kunst ist unmöglich — nach dem Krieg.«

Englands große Schauspieler sind tot; die Zuschauer haben kein Geld… oder sind auch tot. Die Leute kommen um Neun ins Theater; klappen mit den Sitzen… Das Schreiendste zieht.

Ein Geschlecht ist auch hier durch die große Zeit verkaffert.

(Collins schwärmt von der Djuus', nämlich Duse, — und weist mir an seinem Finger den Ring der Ristori. Er borgt jetzt aus Deutschland die phantastisch zukunftsvolle Kreisler-Bühne.)

XVII

Die Tragödin Sybil Thorndike spielt in einem Bums die Tosca. Nur Haltungen. Sprachlich ohne Schimmer. Im selben »Coliseum« wirkt aber Grock, musikalischer Clown, der für mich ein großer Schauspieler ist… in der Art von Pallenberg. Ein entzückendes Männdel — so dümmlich, ärmlich, lieblich. Dabei höllisch verschmitzt. Das Haus rast.

…Englands Mimen sind zugleich Sprecher, Sänger, Akrobaten. Auch der (sonst mäßige) Robey im Hippodrome — wo Phileas Fogg wieder in achtzig Tagen um die Welt reist… aber es ist ganz eine neue Reise. Mit Film, Autos, hohen Schiffsseiten, Schiffbrüchen, Rührsamkeit, Farbtaumel, Komik; fast großartig durch Überfülle. Von einem Reichtum des Glanzes und des Klappenden — erschlagen wird man.

Wenn dort ein Schwarm von Likörgeistern im Farbdämmer singt, nähert sich der Kitsch dem Edgar Allan Poe. Stärkere Romantik als je bei Max Reinhardt. Es ist altüberliefertes Könnertum.

Zwischendurch singt Sophie Tucker; mit ihrem Bass derb und seltsam ans Herz packend…

Londons Drama heißt: Hochzeit von Operette, Purzelbaum, gesprochenem Witz, Prunk, Phantastik.

Die Gattung ist vorletzten, die Handhabung ersten Ranges.

XVIII

Shaw riet mir, Gladys Cooper zu sehn. Im »Playhouse« gibt sie, ogot-togott, die *Zweite Mrs. Tankeray*, von Arthur Wing Pinero.

Shaw sprach ganz ernst von dem Stück, auch von Barries Stücken. (Nicht aus Taktik. Sondern — das ist mir seelisch fesselnd — wohl in jenem zeitweiligen Verdämmern des Selbstbewusstseins, das ein starker Eigenwuchs mitunter hat. Eine Art Ermüdung, es im Alltag sehn zu lassen. Oder ein Entgegenkommen? Ein Sichtiefschrauben… als dargebotene Sühne für den wirklichen Hochstand. Kurz: der Gewaltstupps zur Kollegialität; exempelshalber Dostojewski galt als kollegial.)

Also Shaw sprach ganz ernst von Pinero und Barrie — mit dem Beisatz: die Mrs. Tankeray sei vormals von der Patrick-Campbell gespielt worden (die er selbst in Liebesbriefen einst vergöttert hat).

Doch Miss Gladys Cooper ist in Wirklichkeit nur ein blondes, gelenkiges Fleisch. Eine Gallokopistin — ohne was in der (sonst einwandfreien) Brust…

Ich floh.

Galsworthys Drama entging mir.

XIX

Technik ist Englands Bühnenkunst. Auch im Film — in dem himmlischen Spaß *Robinson Crusoe Ltd.* Oder in dem Verbrecherfilm aus Alaska: *The Girl From Outside.* Jeder Zug von geprüfter Schlagkraft. Jedes Tüpfel sitzt auf jedem i.

Doch im seelisch Ernsten, so in dem Byron-Film (*A Prince of Lovers*), der jämmerlichste Tiefstand.

XX

Für Shaw ist heut kein Raum auf Londons Bühnen. Um Oscar Wilde keine Nachfrage.

Vollends der Hahn, der nach Shakespeare kräht, begab sich in eine Geflügelausstellung.

Englands Bühne zeigt in der Unkultur eine Hochkultur. Im Schmarren ehrwürdige Meisterschaft. Wie kommt das? —

Die sogenannte ernste Kunst entfließt, wo nicht alles täuscht, gewissermaßen sozusagen einer bewegten Seele. Dagegen spricht hier vieles. Erstens: Körperlust im Freien. Dann: Wohnlichkeit, Geborgenheit, Feuerstatt, Porridge, Rock und Mütze von gleichem Stoff.

Woher Leidenschaft — wenn sie auf Muskeln und auf Besitz wegging?

Vorbildliches Getier… und noch leise Kunst? Zuviel verlangt.

XXI

Immerhin. Auf dieser Insel wohnt ein hochstehendes, werthaltiges, taktvolles, gesittetes, kluges, wenn auch vielleicht unpoetisches Volk.

(Aber lasst's mich aus mit der Poesie. Für die nächsten zwölf Jahre.)

HALTUNG ZU DEUTSCHLAND

I

Ein Deutscher, der jetzt nach England geht, stößt nirgends auf Unfreundlichkeit.

Ein Franzose kaum auf bessere Freundlichkeit als wir. Ein Amerikaner vielleicht — aber es ist nicht zu merken... Denn der Engländer bleibt groß im Verkneifen der Gefühle. Sachlich sein.

Ist er sachlich: so ist er doch nicht starr. Ihn dafür auszugeben, bildet ein Unrecht. In Wahrheit ist er... nicht liebreich — aber hilfreich. Nicht zutraulich — aber schaffensrasch.

An den Mauern las ich ein Wort (für Geldsammlungen): »Help is better than sympathy«. Der Schlüssel zu seinem Wesen.

(Außerhalb der Politik.)

II

Also der Deutsche findet hier keine Spur von Feindschaft. Was denn? Freundschaft? wer erwartet sie! Doch willigstes Entgegenkommen.

Je toller Frankreich Amok läuft, je fester. Was zwischen Engländern und Deutschen jetzt besteht, ist... nicht ein unterirdisches Verbundensein (das wäre viel zu viel). Nicht mal ein halb freimaurerisches Einverständnis; das wäre noch viel zu viel. Aber hie und da was Ähnliches...

Hassen die Engländer Frankreich? — Sie würden, wenn sie sich überhaupt äußerten, die sachliche Abweichung von ihrem Waffenfreund buchen. Sie sagen also das Gegenteil, weil sie Politiker sind.

So ist, nach allem, was ich gefühlt und gewittert und gesehn, die Lage.

III

Ich sprach mit Stützen Lloyd Georges. Erstens mit Parlamentariern. Dann mit seinem engeren Mitarbeiter. Dann mit Abgeordneten der

Gegenseite. Hier erstens mit Liberalen; zweitens mit Staatssozialisten; drittens mit Marxisten; viertens mit Arbeitern weiter links… Ich gebe Proben. Sie sind seelisch fesselnd — über die Politik hinaus.

John Murray, Unterhausmitglied, Partei Lloyd George, vormals Professor in Leeds. Mitte vierzig. Fast seelsorgerisch ernst. Aber nicht salbungsvoll. Wir sprechen im Parlament lange Zeit. (Zwischendurch kommt sein Fraktionsfreund Algernon Moreing.)

Murray (nachdem er sich gegen Shaw und englische Sozialisten erklärt hat): »Wer Ihnen hier sagt, er sei prodeutsch, oder wer prodeutsch ist, hat politisch nicht den geringsten Einfluss… « Er spricht (in dem einen Punkt) sehr offen. Sonst manchmal taktisch.

Murray zeigt sich, wie Moreing, überaus freundgewillt. Sendet mir, ohne dass ich darum bat, Empfehlungsbriefe nach andren Städten. Schickt auch, da er in Deutschland gewesen ist, Abzüge seiner jetzt erscheinenden Artikel über unsere Lage. Dann sein frisch erschienenes Buch: *The Truth about Germany*. Darin schildert er Deutschlands nicht erschwindelte, sondern echte Not. Dennoch im Gespräch nicht das geringste Zugeständnis… Britisch.

Er sagt: »Rein sachlich gesprochen: für England ist Deutschlands Aufbau nur bis zu einem gewissen Punkt wichtig.« (Er fürchtet, wir könnten den Grad von Englands Abhängigkeit überschätzen.)

Späterhin: »Englands Haltung ist heute die eines Sportsmanns, der seinen Gegner geschlagen hat — er besitzt keinen Grund mehr zur Feindschaft.« (Dauernd zeigt er einen innerlichen Anteil für Deutschland — während er Englands Verpflichtungen eingrenzt…)

Ich sage: »Sentimentalität erwarten wir nicht — aber Eurem Handel muss an Deutschlands Auferstehung liegen.«

Er (taktisch): »Deutschlands und Russlands Kundschaft zusammen beträgt noch nicht ein Fünftel des englischen Handels.« — Ich: »But a fifth!« Aber doch ein Fünftel!

Er schweigt. Dann sagt er: »Für die Beziehungen der zwei Völker ist es wichtig, dass Deutschland ein starkes Government hat — Rathenaus Ermordung schuf leider Schwächung, Unsicherheit«… Rathenau ist ihm die schöpferische Gestalt, welche Deutschland seit dem Krieg hervorgebracht.

Seltsam und sehr englisch: Moreing, als er eine Stunde mit mir spricht, braucht wieder den Sportvergleich. »Deutschland war ein

guter Verlierer« (a good loser). England sei bereit, ihm zu helfen —
aber langsam.

Das betonen hier alle: nur langsam. Ich: »Warten heißt sinnlose
Verzehnfachung der Aufgabe!«

Alle wiederholen: Es geht nur langsam.

IV

Wer zu Lloyd George hält, versichert (es ist nicht nur Manöver): »Auf
eine Trennung zwischen England und Frankreich zu hoffen, wäre der
stärkste deutsche Irrtum.« Moreing war kürzlich in Deutschland; in
Oberschlesien; in Breslau. Er kennt unsre Not. Englands Politik ist
aber durch Frankreich gebunden… Deutschland könne trotzdem
hoffnungsvoll sein.

Diese Lloyd-George-Männer haben in ihrer Haltung etwas von —
scheinbaren Gegnern, die bedauern, vor der Hand nicht anders sprechen zu dürfen.

Über die, von mir eingeworfene, Fülle der Arbeitslosen in England
gleiten sie weg…

V

Downing Street. Sir Edward Grigg, Lloyd Georges rechte Hand.

Diese Office Lloyd Georges liegt gegenüber vom Hauptgebäude,
über die Straße weg, in der kleinen Nr. 10.

Schmucklos: verbrauchte Stuben, mehr als einfach. Wie bei einem
bescheidenen Rechtsanwalt. So dürftig-kahl sieht also der Ort aus,
wo über die Zukunft des Kontinents… nicht entschieden (entschieden wird sie wohl in Washington), aber mitentschieden wird.

Grigg ist ein einnehmender, ziemlich großgewachsener Mann,
Ende Dreißig. Mit Merkmalen der Innerlichkeit. Ein ehrlich Rin-
gender — auf dem allerhand Zwiespältiges der englischen Lage
wuchtet: die heikle Pflicht, Auswege zu finden zwischen einem
bedrohsam irrsinnig gewordenen Freund… und einer bedrohten
Menschengruppe.

— »Ihr Briten seid unsre Gläubiger — es muss euch also dran liegen, dass wir nicht untergehn.«

Er: »Wir sind die Gläubiger fast jeden Volks«… (Aber wir sind
nicht jedes Volk.)

Er sagt: »Die Stimmung in England gegen Deutschland ist vorläufig nur negativ auszudrücken: Schwund des Hasses. Wir wollen kein zweites Österreich — aber was sollen wir tun?!«

Man bekommt hier immer den Eindruck: England selber ist in einer Zwangslage. Es klingt nicht hochmütig, wenn er versichert: »Wir müssen ja nicht nur Deutschland beistehn, sondern allen Völkern.«

VI

»Erscheint euch die französische Macht nicht zu groß?« — No, Frankreich sei keineswegs übermächtig... (Kein Wort ist wahr.)

Ich: »Frankreich hat zu viel Furcht vor Deutschland — und England zu wenig Furcht vor Frankreich.«

Er schiebt das Ausbleiben eines britischen Eingriffs auf die Public Opinion. (Er kann ja nicht von Lloyd Georges doppelter Gebundenheit sprechen.) Englands öffentliche Meinung sei zu schlecht über Deutschland unterrichtet.

Die Presse dort sei zum Teil misrepresenting, gibt falsche Darstellungen der politischen Wirklichkeit. »Die Northcliffpresse«, sagt er, »ist weder ein Ausdruck der Regierung noch der öffentlichen Meinung.«

Ich: »Warum wird sie dann so viel gelesen?« —

Er: »Nicht wegen Politik.«

(Darin hat er recht; die *Times* hat sich heut aus ihrer Starrheit fast in ein volkstümliches Unterhaltungsblatt gemausert; sich durch Herablassung vor dem Eingehen bewahrt. Sie wirkt immer noch stark.)

VII

Auch an Grigg lässt sich unterirdisch folgendes beobachten: das Gefühl gegen die Deutschen, welches nur ein Mangel an Abneigung sein will, ist zwar... noch längst kein Überfluss an Zuneigung. Jedoch er weiß, dass uns Unrecht geschieht. Er leugnet es nicht, — aber gibt es ebenso wenig zu... Alles das bleibt mit den Fingerspitzen anzufassen.

Er sagt, indem er sich innerlich windet: für das englische Volk sei die Losung heut nicht »peace«, sondern »justice«; nicht »Friede«, sondern »Gerechtigkeit«. Er gibt leider keine Auskunft, als ich sage:

»Justice? Ihr scheidet ja nicht zwischen dem Deutschland, das den penetranten Krieg gewollt, und dem andren, das ihn verflucht.«

Das Gespräch geht eine Stunde lang mit Heftigkeit. Grigg ist kein Engländer nach dem Fibelbuch, denn er kann warm werden. Er sieht unsre Lage durchaus nicht hoffnungslos. Er sagt, während er meine Hand hält, Deutschland solle (wie oft noch!) Geduld haben.

Ich: »It will be too late«…

Ja, der Eindruck dieser fast stürmischen Auseinandersetzung ist: Ratlosigkeit auch in England. Im Grunde wissen sie nicht, wo ihnen der Kopf steht. Ein fast sehnsüchtiger Wille, die Sorgen der Welt (sprich: Deutschland) zu lösen. Und jenes entsetzliche Motto: Geduld!

VIII

Joseph Kenworthy ist der Schrecken des Unterhauses. Widersacher Lloyd Georges; unabhängig-liberal. Ein früherer Seeoffizier. Deutschfreundlich. Er hat etwas Verträumt-Willensstarkes.

Kenworthy spricht (wie alle hier) von Rathenaus Tod als einer schwachköpfigen Schädigung des eignen Landes. Daraus gezogener Schluss: »Die Junker-Monarchisten sind also noch so stark, dass mit Deutschland schwer zu arbeiten ist.«

(Jean-Paulsches *Extrablättchen*: Lange vor dem Mord, beim Aufenthalt in Amerika, bat mich die *New Yorker Staatszeitung* um eine Charakteristik des jetzigen Deutschlands; ich schrieb dort, in einem Umriss Friedrich Eberts, Joseph Wirths, Walter Rathenaus: »Er (Rathenau) trat in die Bresche, wenngleich er das Bewusstsein hat, eines Tages möglicherweise wie Matthias Erzberger zu enden.« (So am 30. April, *New Yorker Staatszeitung*.) Die duftende *Deutsche Zeitung* leerte gegen diese Wahrheit mehrere Kübel… und schrieb wörtlich:

»Der Abgeordnete Erzberger ist ermordet worden. Von wem und aus welchen Gründen, weiß bisher außer den Tätern niemand. Wie kann unter diesen Umständen Dr. Rathenau, dem kein Mensch in Deutschland je ein Haar gekrümmt hat, das Bewusstsein haben, möglicherweise wie Erzberger zu enden? Weil irgendein Politiker von Unbekannten aus unbekannten Gründen (!) erschossen wird, hat ein anderer das »Bewusstsein«, ebenfalls so umzukommen? Das wäre doch reiner Verfolgungswahnsinn«…

(*Deutsche Zeitung* vom 23. Mai. Nach vier Wochen war er tot.)

116

IX

Der Saal des Unterhauses bleibt mit dem altväterischen Wort »Landstube« besser zu bezeichnen. Wirklich nur eine große, viereckige Stube — mit aufsteigenden vier Sesselreihen rechts und links. Für die Einführung war ich dankbar.

Mit schriftlich niedergelegten Fragen bereitet der Lieutenant Commander Kenworthy der Regierung Lloyd Georges öfters Annehmlichkeiten… Eine große Partei steht vorläufig nicht hinter ihm; er geht allein aufs Ganze. In dem für das Unterhaus jener Tage gedruckten *Order Book* zeigt er Neugier wegen gewisser Abmachungen mit Henri Poincaré… Dann stellt er offen den Antrag: dass der Pakt von Versailles als unausführbar und schädlich geändert werde.

Das Zusammensein mit diesem Mann gibt Erfrischendes und Tröstliches. Manche schimpfen auf ihn. Wackrer Kenworthy! Er hat eine Zukunft, sagen andre. Dann hat die Vernunft eine.

(Mehrfach war er in Deutschland. Sieht aus wie Anfang Vierzig. Ein starknackiger Mensch von gewinnendem Trotz. Kenworthy, feste!)

X

Im Parlament sprach ich mit Sozialisten. Die Lloyd George-Gruppe schilt sie »uneducated« und erfahrungslos. Mit einem Wort: sie vertreten gleichfalls die Vernunft.

Der ehrliche Mr. Spender von der *Westminster-Gazette* gibt offen zu, was Zunftpolitiker nutzlos leugnen…

Auch Mrs. Snowden ist eine Hoffnung auf dem guten Weg. Neununddreißig Jahre. Bildhübsch. Jedes Jahr hält sie über hundert Reden. Sie nennt sich »Sozialistin, aber nicht Marxistin«. Sie sagt: »In Deutschland würde man mich nicht Sozialistin heißen.« Allerdings nicht…

Und nun kommt das scheinbar Erstaunliche: sie hält zu Lloyd George. Immerhin in einem verschmitzteren Zusammenhang.

Sie sagt: »Ich weiß, dass er im Herzen radikal ist — nur gebunden durch seine Pledges an Frankreich… In spätestens einem Jahr geben Neuwahlen den Ruck nach links — dann führt Lloyd George eine ganz andre Koalition (ohne die Konservativen). Mit Liberalen, labour party (hierzu gehört die holde Snowden) und Marxisten«…

In einem Jahr? — Zu lange für uns.

Lloyd Georges Adlatus Sir Edward Grigg sei gegen Deutschland nicht kühl. »Ich sprach ihn gestern — er scheint nur kühl gegen Deutschland, ist aber heiß gegen Frankreich! Nämlich furious gegen Poincaré.«

Lloyd George selber hat ihr seinen radikalen Willen versichert — er werde letzten Endes doch gegen den Chauvinismus jedes Volkes kämpfen… Sie sagt: »Frankreichs Luftdienst ist viel stärker als Englands — das bleibt der springende Punkt!« (Sie hat recht. In dieser Woche gab es eine Schaustellung des englischen Luftdienstes — als Wink nach Paris.)

Frau Snowden hat ein kluges, in der Denkart reines Buch verfasst: *A Political Pilgrim in Europe*. Vorn ist ihr Bild.

Man fände die Frau reizend, auch wenn sie politisch Falsches äußerte. Wie reizend muss man sie erst finden, da sie zufällig auch noch Richtiges äußert. (Lloyd George ist indes unterlegen.)

<h2 style="text-align:center">XI</h2>

Nach dem Helfer Lloyd Georges; nach seinem Parlamentsanhang; nach der Opposition; nach vernünftigen Schriftstellern: Nach alledem griff mir etwas ans Herz, was Wochen darauf ein Arbeiter in Edinburgh sprach.

Am Abend; die Spaziergänger der berühmten Princes Street sammelten sich um einen sechzigjährigen, stoppligen Mechaniker (das war er wohl) mit Stahlbrille — der eine Rede hielt. Es war noch hell; um elf liest man dort im Freien.

Der breite Mann, unter Mittelgröße, von ruhigem Ernst, ohne Furcht vor Lächerlichkeit (auch ohne hier diese Furcht haben zu müssen), stand fünf Schritt vor seiner Mütze, die er auf den Boden geschleudert, holte beim Sprechen mit den Armen aus, rang um Worte mit knackender Gehirnarbeit — und fand Bezeichnungen für etwas, das offenkundig sein ganzes Dasein bestimmte.

Er sprach von der Torheit dieser Politik wider Germany and Prussia. (In Edinburgh! Abends! Auf der Straße!) Er sah darin bloß einen Teil des allgemeinen Irrens. Er sprach von dem Weltwahnsinn — und rief: nur der Zusammenschluss der Arbeiter könne noch Rettung bringen… Das kam aber nicht wie Nachgesprochenes heraus, vielmehr wie etwas in schwerer Kümmernis Errungenes. Ihm waren die Rückwirkungen auf das Los der Workers zwischen Glasgow und Edinburgh bewusst. Sie, sprach er, haben es zu spüren.

Wohlhabende standen in guten Überziehern herum. Er ging zwischendurch zum Wasserquell, der aus einem Denkstein lief, trank (dort standen seine paar Gefährten), trat wieder in den Kreis und sprach fort.

XII

Ich ging zu ihm, als er fertig war. Er versicherte: die schottischen Zustände seien hart wegen der infamen Friedenspolitik. In der unblutigen Revolution liege die Zukunft. Leider seien Schottlands Arbeiter sektiererisch gespalten.

Eine Weile schwatzten wir… in dem seltsam schwindenden Licht jenes Nordlandes, wo um halb elf die Sonne untergeht. Es war im Juli.

In der späten Dämmerung sprach er zuletzt: »Now I'll go home — good night.« Er drückte mir die Hand und ging mit seinen Kameraden wie bekümmert davon; die Zuhörer waren schon weg.

XIII

Auf dem Fels verschwammen die Säulen. Es wurde dunkel. Und ein Erdteil harrte seines Schicksals.

IN OXFORD

I

Oxford ist etwas Einziges in Nordeuropa. Warum hat es niemand gesagt?

Zahn der Zeit… und Blumen. Ich dachte ganz falsch, Oxford sei so eine Stadt voll Drill, Sport, Lernherden, Abzirkung. Ah, was! es ist ein Traumgarten. Eine Seelenrast. Ein Dichterschlupf. Ein Grübelnest. Ein Duftglück — mit ergrauten Klösterlichkeiten.

Man denkt vergebens an Brügge… nein, ich sah nie eine Stadt so altertumsreich und altertumshold, nördlich der Alpen, wie Oxford.

Heidelberg (der Brite William Turner hat es ja auch gemalt) schwebt herrlich; hält aber keinen Vergleich innendrin. Rothenburg… Rothenburg ist voll schöner, doch leichter Altbauten gegen dies köstlich schwere Landstädtel mit lieblichster, steinernbemooster Fülle. Durch die Luft wird man getragen — in das Einst.

Brügge! Heidelberg! Münster! Dinan!… Oxford ist ein Perlenhaufen.

…Freundlich umwucherter Weisheitsglanz. Sehr alte Kultur eines milden Machtvolkes. (Wer dächte, dass es noch Muße fand, die Welt zu stehlen? — wollte sagen: zu kolonisieren.)

Sehnsuchtswinkel. Einkehrstatt. Zahn der Zeit… und Blumen.

II

Was ist ein »College«? Ein Lehrkloster. Viele Lehrklöster gibt es in dem einen Ort. Zweiundzwanzig. Zwei-und-zwanzig. (Auch nicht gewusst.)

Im Christ Church College, dem umfänglichsten, ist sehr britisch der begrünte Hof, mit viereckigen Zinnen. Immer neue Höfe, grausteinern umzirkt. Eine Klosterfestung. In der Hall Bildnisse, darunter Heinrich VIII… von Holbein. Kurzweg.

Gemalt an der Wand hängen viel heimgegangene Perücken unbekannten Werts — aus gottkundiger, scholastischer Zeit. In Öl.

Die Büste der dicken Victoria beherrscht alles. (Auch Gladstone und Rosebery haben hier gelernt — an der Wand verdämmern ihre Züge.)… Glasfenster. Bischöfe. Dreizehntes Jahrhundert. Kardinal Wolsey. Und so.

III

Gesang von Knaben aus einer Klosterstube. Dann kommen sie lang — mit Umhängen, mittelalterlichen Mützen.

Die Domkapelle (nicht Damenkapelle, Setzer!) dabei. Und wohin führen diese Stufen? Unten in die englische Küche. Hinein!… Verschwenderisch hoch und räumig; von damals. Angestammtes Kupfergerät. Der Koch schaltet, und Küchenjungen, wie aus vergangener Zeit. Viel große Stücke Fleisches wurden hier saftgeröstet für manchen gelehrten Schlung — in den Jahrhunderten…

Mauern, benagt und betagt. Immer in verschieden altem Stil, Rasenhöfe, neue, immer noch. Endet es nie?

IV

Draußen irgendwo ein Gasthäusle, von verschollener Wesenheit. An der Mauer noch die Klingel — und angeschrieben: »Ostlers Bell«. Wirtes Glocke — oder Hausknechts Glocke…

Und Kastanien. Überwachsenheiten. Und lauter alte Kirchhöfe, mit ehernem Gitterwerk, zerstreut mitten in der Stadt… in der englischesten.

(Sie geht gewissermaßen-sozusagen ohne Tor ins Land, wo die breite Landstadtstraße halt weg ins Freie fortzieht — in grün altbäumige Wege. Ecco.)

V

Vererbte Wissenschaft! Bei uns wird wohl besser gelehrt. Aber diese Häuselchen alten Schlags, efeugeborgen, mit breiten Blättern umpelzt. Und Zweige wieder über Mauern; zwischengeflickte Baumgärtlein.

Gleich wieder bröckelnde Abtstiftungen mit Zinnen, Türmen, Quadrangeln, rechteckigen Hofgärten, Spitztürmen, Wölbehallen, Steinkringeln… Das zusammen ist überdies altenglisch heiter. Und wo die Stadt ins Land mündet (aber das Land ist ein grüner Inselgarten), da kann am Abend, weiß der Himmel, mein Sir John mit lustigen Weibern unter dem Wiesenbaum tanzen — beim Fluss.

(Ecco. Ecco.)

VI

Wie heißen die zweiundzwanzig Lehrklöster?... Geschenkt! Nach Magdalene sind sie benannt und nach Jungfrau Maria und nach Allerseelen und nach der Königin und nach Exeter und nach Allerheiligen und nach Jesus und nach Lady Margaret und nach einem John Balliol, der anno 1263 was gründete. Wie sie sonst alle getauft sind. Zwoundzwanzig... Ehrenmorsches Graugemäuer; sturmstille Klosterweisheitshallen. Türmlein. Und durch einen Torgang kommt man in den Garten, mit umsponnenen Himmelsstämmen, Rotblumen, Ligustersträuchen, alles pfarrgärtlich durcheinander.

Beglückend.

Und sieh: ein graubemoostes Halbmäuerle, wie eine heimisch alte Brustwehr, von viel hundert Sommern abgebraucht, nebenan versteckt im Winkel ein Gärtnergelass, und man sieht hinab auf Triften — doch ein hoher gelber Anfang von einem Weizenfeld guckt nur sommersanft unter schlummerschweren, laubig tief hinabgewachsenen Ulmen.

VII

Und entstanden ist so was leicht anno Zwölfhundertundsoundsoviel — und mit der ältesten Bibliothek in England. (In dieser Art.)

Und ein völlig greiser Turm, erst quadratisch, dann oben spitz, schielt hinein. Ferner, das erwähn' ich gar nicht erst, lauter Bogengänge. Mit Grabtafeln an der Mauer, für längst hingeschiedene sodales... oder Gefährten.

VIII

Nein, Oxford ist keine Stadt um Drill, Rudern, Lernherden, gradlinige Zirkung.

Sondern eine Wonne. Ein Dichterspuk. Ein Träumerhort. Ein stehngebliebenes Stück der Zeit. Den Spitzweg hätte vor Jubel der Schlag hier getroffen. (Gut, dass er nicht hinkam.) Warum hat kein Mensch Oxford geschildert?

IX

…Falsche Begriffe sind mit Namen verschweißt. Seht, meine Lieben, den Pelikan auf der Säule. Hier die Mitte des Quadrangelhofs, mit Spitzenbogentor, alt-rostiger Laterne, Steintreppen unter Torböglein; und auf diesem Blumenplatzl sind fünfzehn (fünf-zehn) Pforten. Hab' sie gezählt… War es das Merton College? Ja.

Nein…, sondern, am Ende, das Corpus Christi College. Ist Wurst. Manches Lehrkloster blieb eben besser beisammen, nicht so dösig verwittert… Ach, die verwundersamen, himmlischen Shakespeare-Durchblicke; ja, das ist es: wie auf Shakespeare-Abbildungen. Weißt du? Kleine Spitztore, dahinter ein Gässlein mit ‚ner Mauer, und hinter einem Tor-chen wieder (hört es nie auf?) ein Torlein-Durchblick — und wiederum Gemäuer und Grün und Urfenster.

Ich bin kein Wissenschaftsmensch, sondern ein Malerich, doch diese Fenster nennt man hier »früher als Elisabethan«, nämlich »früher als zur Zeit der Königin Elisabeth« (sprich »Elisa-bieß'n«)…

Jedenfalls: der Wirt ist sogleich zu erwarten, der vor einem hinkenden Königsbruder dienert. Guten Tag, Schurke — sei froh, dass du's Leben hast… Diese Zeiten damals waren arg, der Mensch wurde kalt gemacht wie nichts; und besaß kaum Rechte… Heut wird er ja auch kalt gemacht — aber er hat doch Rechte…

X

Hier der Garten ist… mehr gekämmt sozusagen; fast französisch, — nicht nur eine herrliche Verfallenheit.

Aber doch nicht französisch! Bald kommt wieder voll Grün so ein Rasenhof. An der Wand wachsen Feigen; darunter: ein Heliotropfleck… Und graue Betkapellen immer zwischendurch oben mit der Holzdecke, die erinnern mich allemal an Schifferkirchen. Eine große Verwandtschaft: Halligenkirchen, bretonische Kirchen, und bis hier in Oxford.

Da im Queens College — was für eine kleine Tafel am Gartentor, halbversteckt? Ach so. 1914-1918. Namen eingemeißelt. »Invictis pax«; zu deutsch »Ruhestatt der Unbesiegten«. Hm. Weiter.

Enden die Vorzeitmirakel dieses Nestes nie? Der Mauerweg, schmal, mit Ligusterduft (Ihr kennt ihn: so halbmodrig). Kuppelchen, Geranien. Und hier (ist es St. Magdalen?) steinerne Chimären am Kreuzgang und Ritter; feierlich ergraut. Aber jetzt…

XI

Aber jetzt ein Riesengarten mit Toren, einem Wasser und abermals Fenstern — und (guck hin) selig-endlose Wiesengründe hinter dem Gartentor, und hier fließt also der Bach zwischen dem Steinstaden und einem Gegenufer mit Immergrün… Ach, fernschimmernde Gründe, von Buschbäumen begrenzt… Und bunteste Blumen… Dies college ist pikfein; deshalb hat auch der Prinz von Wales hier zwei Jahre studiert. Jawohl, in der Esshalle sagt nachher ein Pförtnerbold andächtig: »Dort saß er«.

XII

Jasmin. Jelängerjelieber… Ein goldener Wetterhahn auf grauem, breitem Wartturm. — Still!

Man muss aufhören. Bloß diese alte Rundbücherei noch, mit Säulen; im Bauch hat so was dreißigtausend Manuskripte; wissen müsst' ich es, das Ganze soll weltbekannt sein… O wunderbares Oxford.

Du Zeitenstrahl. Du Abendgold. Du Jahre-Fluss. Erinnerung und Gewesenheit… C-Dur, von Robert Schumann, opus 12. »Fabel.« (Einst.)

Auf andrem Blatte steht: Du Merkmal für leise Gesittung eines milden Machtvolkes — das nebenbei die Welt gestohlen hat.

XIII

Ein Wanderer aus Amerika trat auf uns zu, blauer Anzug, blaues Hütchen, er war ein Schlankl, ein gerissener Hund, ein Halunke, nicht satt-vornehm; der nur durch Europa strömte, weil er ein bisschen Geld gemacht, aber nicht viel. Sehr ein ulkiger Halunke.

Sprach uns an; fragte was. Im alten Mönchshag am Turm. Wir plauderten. Woher er sei. Leichtfüßig sprach er: »Well, I live under my hat« — er lebe unter seinem Hut. Ich sprach: »And under what does your hat live?« Wir lachten. Er schwand; aus der Klosterwelt; zum nächsten Zug; der nette Halunke.

XIV

Und ich kaufte gegen Abend in dieser Stadt eine Kirschbaumholz-
pfeife, zum Rauchen — sehr lang; fast bis auf die Erde. Riecht herrlich. So schön wie eine, die ich mal in Bonn (Rhein) gekauft. Sind so
Studentenpfeifen. Wie die Schifferkirchen alle mitsammen verwandt.

Stets will ich an Oxford denken, wenn honigsüßer Gold Flake darin brennt, im Winter.

Und du, Liebste? Hier in Oxford hast du studieren sollen? Es ist
schon besser so.

STRATFORD; CANTERBURY; SCHLOSS WARWICK

I

Nachdem ich in Beethovens Haus gewesen war, in der Bonngasse (sprich: Bonnjass'); in Jean Pauls Örtchen Wunsiedel; in Hebbels Haus zu Wesselburen; in Flauberts Haus zu Croisset; in Ibsens Sterbehaus zu Kristiania; in Platens letztem Haus zu Syrakus: nachdem verschlug mich das Dasein an den Avonfluss; nach Stratford.

Ein Punkt mit blühendem Wallfahrergeschäft. (Mit Läden für Andenken — wie in Monte Carlo, Lourdes oder Bayreuth…)

II

Ich glaube nicht, seit ich zu Garding, der Jugendstadt Mommsens, alles andre sah, bloß keinen Zug, der hier zu römischen Studien ermuntert, — ich glaube nicht, dass die Umschicht enthüllt, wieso einer wurde, was er ward. Shakespeare konnte ganz wo anders geboren sein.

Ich will ein Beispiel bilden.

X. kommt in kahlem Landstrich zur Welt. Erste literarhistorische Möglichkeit: »Die Kahlheit des Landstrichs erklärt das Farblos-Trockne seiner Dichtungen.« Zweite literarhistorische Möglichkeit: »Die Kahlheit des Landstrichs erklärt jenes Farbig-Sehnsuchtsheiße seiner Dichtungen.« Sie erklärt also das Gegenteil. Dritte literarhistorische Möglichkeit: »Bei der Kahlheit des Landstrichs ist er zwar zu einer mittleren Farbigkeit gekommen, die aber natürlich nicht zu leidenschaftlicher Fülle gedieh.« Selbstbetrug. Hokuspokus… Vanitas, vanitatum vanitas.

III

Dennoch. William rückt näher… Ja, zur stärksten Verwunderung: er wird leiblebendig. Mag er Mime gewesen sein oder auch Poet. Einer beginnt hier zu wandeln.

Warum?

Weil man Gesichte hat. Weil man vor ihm steht, Aug' in Aug'. Das Gewese, die Luftschicht, die Heimwelt, das Landstümliche — alles wächst jählings zum Greifen… (Wenn man weiß, dass er hier geboren ist.)

Er kann jedoch ganz wo anders geboren sein.

<h2 style="text-align:center">IV</h2>

In Stratford bin ich zum erstenmal auf du und du mit seinem Alten: dem angesehenen, verkrachten Landhändler; dann mit dem abenteuernden Jungen, der in der Nachbarschaft ein wohlhabendes Agrarmädel älteren Jahrgangs zur Frau nimmt, ihr ein paar Kinder macht, sie bald sitzen lässt, nach London zwischen die Komödianten gerät…

(Auf du und du.)

Wirkung von Stratford: Keine Aufhellung seiner Stücke. Doch herzlicher Anteil für William selbst — ob Strohmann, ob Genius.

Schlimmstenfalls für den Strohmann.

<h2 style="text-align:center">V</h2>

Das Geburtshaus… Vielleicht ist er wirklich in dem niederen Raum beim verzinnten Fensterle geboren. Vielleicht nebenan.

Den Gildenbau hat er gesehn — wo Mimen manchmal aufgetreten sind. Die Kirche hat er gesehn. Ich merke hier… nicht wie seine Dramen verfasst wurden, doch wie ein Leben verfloss.

Ja, der Komödiant Shakespeare beginnt zu wandeln; Herr Direktor Shakespeare, Aktieninhaber einer hauptstädtischen Bühne — mit dem Ruhesitz im frühverlassenen Geburtsort; mit der Heimkehr des halbverlorenen Sohns, der nach Abwesenheit von einem Jahrzehnt als junger Dreißiger in der Lebensmitte zurückkommt, wohlhabend geworden ist, ganz kinomäßig den indes verschuldeten Vater rettet, die Seinen im Ansehen der Bürgerlinge herstellt, das größte Haus der Stadt kauft, zur Freude des gerührten Alten sogar den Adelstitel zahlt… Lebenskino. (Mit alledem hätt' er Shakespeares gesammelte Werke nie zu schreiben brauchen.)

In summa: hier keimt (für eine verschollene Gestalt) ein menschlicher Anteil, nicht ein literarischer.

Dieser Bursche wandelt. Nicht William Shakespeare.

VI

Stratford hat Häuschen mit Holzgebälk, wie bei uns Braunschweig oder Lüneburg. Traut und modervoll. Kümmerlich für unsre Vorstellung — wie das Bach-Haus in Eisenach; fürstlich gegen Hebbels Heimat; schäbig gegen den Hirschgraben... Und der Hirschgraben ist schäbig gegen das »Heim« jedweden Kleinspießers an der Spree. (Es gibt eine Entwicklung.)

VII

Unten hat nachher ein Schlächter gewohnt.

Der Vater jedoch, Schulz' in dem Nest von fünfzehnhundert Einwohnern (mit dreißig Bierschänken und lauter Misthaufen) — der Vater macht in Leder, Wolle, Korn, Grundstücken. Die Pleite bricht aus. Alles dies zusammen musste die zirka vierzig Dramen Shakespeares erzeugen.

VIII

In der Nachbarschaft gab es Passionsspiele, mit saftigem Ulk? Aha! Hunderttausend Landleute, Stadtleute pflegten sie zu sehn — ohne je vierzig Schauspiele zu verfassen... Kurz: der Mensch ist ein Produkt seiner Umschicht. (Die Umschicht ist ein Produkt des Literarhistorikers.)

IX

Ich sah den Ort, wo Shakespeares Junge zwölfjährig starb; wo sein Vater starb; wo seine Mutter achtundsechzigjährig starb, als er selbst vierundvierzig war; wo seine Schwester als Weib eines Hutmachers gelebt; wo er, Großvater mit zweiundvierzig Jahren, die Enkeltochter Lizzie geschaukelt; wo er, mit Neunundvierzig, zurückgezogen vom Geschäft rastete; wo er sich mit zwei Freunden zum letztenmal betrank; wo er ganz, ganz fraglos beigesetzt ist...

Das ist er.

X

Die Wände des Geburtshauses waren ein Fremdenbuch — bis man ein solches anschaffte. Namen in die Mauer gekritzt. Ich suche den von Byron. Die Pförtnerin reckt auf ihn den Finger.

... Somit sah ich in und bei Stratford folgende vier getrennte Lebensstadien des umdämmerten William. Erstens: das vermutliche Geburtshaus; heut halb ein Museum; mit alten Ausgaben, Briefen, Bildern, Urkunden. Auch Bücher seines Schwiegersohnes, des Arztes Dr. Hall. (Williams Enkelin war schon Lady)… Soweit Nummer eins.

XI

Erdstadium Nummer zwei. Die Dorfbesitzung, zwanzig Minuten davon. Hier saß die Bauerndeern', woran er achtzehn-, neunzehnjährig den ersten Durst löschte. William sah, wenn er zu dieser Anna schlich, in der nahen Ferne blaue Hügel. Ich guckte nach derselben Hügelwand… Zu ihrem Haus mit dem Strohdach und dem Dorfgärtel kam er. Alles heute noch wie einst. Wie gestern. Der alteichene Hausrat. Ein Sessel für Besucher, am Herd.

Oben: die geschnitzte Bettstatt jener acht Jahr' älteren, nachmals eheverlassenen Anne. Darin immer noch die Schilfmatratze, wo sie von William, dem unbegüterten Stadtjüngling aus leidlich angesehenem Haus, geträumt haben wird… bis er sie nahm.

Die Hochzeit war eilig. Was flüstert Schiller? Hochzeit — hohe Zeit? Der Wilddieb hat vielleicht bei ihr gewildert? hä?

Lehnstuhl und eichene Lade — nicht wie bei armen Leuten. Noch das Gerät zum Buttern. Das zum Spinnen. Froh findet mein Auge sogar die »Bettpann«: ein Ding, wie es auf den Halligen, in Ostfriesland, im Jeverschen, abends, mit Glühkohlen voll, durch das klamme Bett gezogen wird. So ein Ding hatte Fräulein Hathaway.

Von der Schwester gewobenes Linnen hängt an der niedren Lagerstatt… Immer noch. Dies Nummer zwei. (Hier kriegt ein Betrachter am stärksten das Gefühl des Miterlebens; der stehngebliebenen Zeit; des Hinversetztseins — wie in Pompeji.)

XII

Nummer drei kommt. Nach dem ärmlich gewordnen Jugendhaus; nach dem dörflichen Bräutigamshaus, — jetzt: Shakespeares reiches Haus. Das Haus des Rentners… am stolzesten Punkte des Drecknestes. »New Place« genannt. Pikfein — aber es steht nicht mehr.

Denn ein Pfaffe, der es zum Sommersitz nahm, riss es siebzehnhundertsoundsoviel ab; aus Ärger; der freche Trottel.

Bin wenigstens in den Kellern herumgestiefelt; sie liegen frei — wo heute der Garten strahlt. Ein hübscher Garten. Rosen, Lilien, Ritter-sporn. Ach, ein farbig wunderschöner Rasengarten. Bald mit violettem Strich; bald mit glockig und mattrosa Blütenstrecken. Mancher hohe, farbig-leckere Blumenstreif ist von der Dichtheit einer Kleiderbürste.

(Damals war der Garten schwerlich so gepflegt. Doch saß er hier und sann… und verpustete sich wohl von den Greueln des Literaten-lebens.)

William wandelt.

XIII

Kommt Stadium vier. Die kalt-graue Trinity-Kirche. Sie liegt im Schatten… Am Altar ein Marterlvers. Deutsch etwa so:

O lieber Wandrer, schreite zu

Und lasse meinen Staub in Ruh'.

Gesegnet, wer verschont den Stein;

Verflucht, wer rührt an mein Gebein.

Schwerlich von ihm. Eine schiefe Grabplatte. Das Gesicht, die In-schrift zum Altar hin…

Irgendein Erschüttertsein fühlt man plötzlich. Wider Willen.

XIV

Sein Weib (er hatte wenig Beziehung zu ihr; vielleicht eine Dorfbisse; mit Recht vergrämt) liegt nebenan. Auch die Tochter Sus'chen; auch der Schwiegersohn Dr. Hall; sogar der erste Gatte der kleinen Lizzie — bevor sie Rittersfrau ward.

…Alberne Kirchenbüste (links an der Wand); nach seinem Tode verfertigt von einem »Grabsteinmacher«. Hier zum erstenmal hat er den Gesichtsausdruck eines Engländers. Stupsnase. Pächternase. Vielleicht fiel ein Stück im Lauf der Zeiten ab… Auf dem Ölbild, vor dem Tod gemalt, sieht er halb romanisch aus; bei etwas im Bogen geschwungener Nase.

(Auch die Zeitgenossen, so Ben Jonson oder seine Schauspieler, wirken im Bild ganz unenglisch nach heutigem Begriff. Wer weiß, was für Blut zwischen ist… Auf den britischen Inseln bleibt Shake-speare nicht das einzige Rätsel. Normannen, Kelten, Sachsen, Picten, am Ende, wer weiß, auch Sumerier aus Babylon, phönizische Wikin-ger — nur Gott ahnt es und die Universitätswissenschaft.)

XV

Hübsch wird das Land erst weiter weg von Stratford. Wo Schloss Warwick in der Sonne lacht.

Warwick hat Gärten am Avon. Ich sah wieder Häuslein mit Zinnfenstern. Edelwicken, zartbläulich; rot; gefüllte Rosen; Himbeeren; weiße Lilien; Bogengänge mit Kletterblüten, alles wildrankig durcheinander — (Holland ist hiergegen eine Blumenkaserne).

XVI

Ich schlief in Warwick. Es hat einen Gasthof zum »Grünen Drachen«. (Mit Ale aus dem Nachbarstädtchen Leamington.)

Aber der Kern (und Shakespeare sah es) ist hier das greise Schloss — mit Triften, Duft, Baumwundern. So weit das Auge sieht, gehört alles heute dem Earl of Warwick. Bewaldete Gründe, zaubergrün.

Innen: ganze Mengen van Dycks. Ann' Boleyn, von Holbein dem Jüngeren. Später die Schauspielerin Sara Siddons, von Reynolds. Gibt es Vergleichspunkte… für einen, der über den Gartengrund geht? — Ah, schon. Der Park von Seeseiten am Starnberger See; das Schloss Grätz; die »Phantasie« unfern Bayreuths; Ambras am Inn; Chambord; Langeais an der Loire; die Kynsburg; Schloss Bardo bei Tunis; das Haus des Borromeo im Lago Maggiore; die Pfaueninsel; die Gärten von Heiligenberg am Bodensee… Wunderbar bleibt Warwick.

Als ich einen venezianer Mosaiktisch drin sah und vielerlei Zusammengetragenes noch, dacht' ich an die »Pesel« auf den Halligen, wohin die Seebauern allerhand geschleppt, aus manchem Weltteil. (Engländer sind für mein Gefühl wohlhäbig veredelte, verfeinerte Bauernmenschen, kräftig gefüttert. Ihre Pesel haben großen Umfang.)

XVII

Shakespeare sah dies graue Schloss. Heut ist der Earl of Warwick ein Husar. Cäsar soll vor ihm dort gewohnt haben. Hinterher kam der Königsmacher Warwick. (Hat nicht Schiller… ? Doch!)

An der Wand hängt sein Streitkolben. Auch Äxte zur Köpfung — und sonst nötiges Hausgerät. Mitunter klafft ein Kerkerloch dickwandig.

Richard der Dritte hat hier gewohnt, stets im August… vor nur vierhundertfünfzig Jahren. Cromwells Helm an der Wand. In

Warwick vollzogen sich mancherlei Todesfälle nicht mit Zustimmung der Betroffenen.

XVIII

Doch fortschreitende Gesittung und Entwicklung schuf den Triftpark. Die Entwicklung schritt noch weiter — denn jener Husar, der jetzige Warwick, musste das Schloss an einen Amerikaner vermieten.

Er heißt Mr. March... Und ist Assekuranzmagnat oder Versicherungsdirektor in New York. Einverstanden; einverstanden.

XIX

In dem Städtchen Warwick ragt ein frisches Gefallenendenkmal; unten schlichte Blumentöpfe; an manchem Topf hängt ein Zettel, mit der Hand beschrieben; auf einem steht in einfacher Schrift (ich las es an einem lichten Vormittag) bloß:

»Dear Charlie!«

Unweit lastet, als öffentliches Denkmal, ein Panzertank von 1918 — »zur dauernden Erinnerung«.

Den Tank hat Shakespeare nicht gesehen. (Dies steht in seiner Lebensgeschichte fest.)

XX

Ich gedachte Williams, als, abermals an einem Vormittag, der Regen floss, ich zu Canterbury herumging, im Dom, — und an Heinrichs des Vierten Grabe stand.

— »Wie geht's dem König?« — »Ausnehmend gut, sein Sorgen hat ein Ende; nach menschlichem Ermessen ist er tot!«...

Er schnarcht in Canterbury; weiß nichts von Percy Heißsporn, der, im Aufruhr derstochen, ein Opfer seines Berufs ward; weiß nichts vom fünften Heinrich, welcher im Gegensatz zu Lloyd George die Franzosen unterwarf.

(»Ausnehmend gut, sein Sorgen hat ein Ende.«)

XXI

Der Dom von Canterbury ist kein Dom: sondern ein Geheimnis. Sondern ein Irrsal. Sondern eine Verschlingung. Sondern ein Perpetuum. Sondern eine Endlosigkeit.

Liegt wohl der Dom in einer Stadt? Oder eine Stadt in dem Dom?… Wenn er aufhört, fängt er allemal erst an. Ist er oben fertig, geht er unten fort. Jeder Ausgang war nur ein Eingang. Jedes Stor ein Beginn.

Kurz: mit reichlichem Nebengelass.

XXII

Erzbischöfe wurden hier weggeschleppt und erschlagen. Schon in verhältnismäßig früher Zeit gelang dies dem geweckten Verwaltungsrat. Später wurde Thomas Becket im Dom ermordet — von vier bezahlten Offizieren der Organisation Consul. Nachmals ist er heilig gesprochen. Ein gekröntes Frauensbild liegt zwischen ihren zwei Gatten herum, in Bronze. Der schwarze Prinz jedoch…

XXIII

Dies alles zu sehn, wurden Schulkinder der Nachbarschaft, eine Klasse, von den Lehrern an jenem Vormittag herumgeführt. Mit Schulkindern hab' ich Glück. Der Küster gab die Erklärung und kopierte den Pastor. Es waren lauter junge Angels (sprich: Ehndschels), oder Engel, mit blondem Haar, oft mit grünen Bändern darin. Sie sollten über den Dom einen Aufsatz schreiben; kritzelten allerhand ins Heft. Der Küster, wie er von Wycliff sprach, hieß ihn den »morning star« der Reformation. Die Ehndschels kritzelten es ins Heft… Ich wollte gleichfalls einen Aufsatz schreiben.

XXIV

Doch den Chaucer, der über Canterbury die *Canterbury Tales* gedichtet hat, durften sie gewiss nicht lesen. Wenn er auch fromme Wallfahrer zum Grabe des heiligen Thomas Becket schildert. Nein, nein. Denn er ist ein Boccaccio-Lehrling. Zwar kernhaft — aber doch auch hinwiederum andrerseits im Grunde sehr schlüpfrig. Das wäre ja noch besser. Nein, nein, nein.

XXV

Adieu, Ehndschels. Adieu, Assekuranz! Adieu, William! Wappen-William! Aktien-William! Adieu, Umschicht!

Komische Welt.

WALES

I

Ich will Schottland und Wales in die Hände nehmen; sie eine kurze Frist streicheln; hernach ganz umhüllen — und ihren Herzsaft auspressen.

Bei alledem ihren Duft noch einmal schmecken. Und froh sein, wenn ein andrer ihn schmeckt.

Los.

II

In Wales beginnen die Orte mit »Ll… « Oder sie haben mittendrin ein seltsames »w«. Llandudno; Llanrwst; Bettws-y-Coed. (Dies grünsteinerne Waldnest wird »Betsicohd« gesprochen — von der Bevölkerung; von den Lehrbüchern anders.)

Die Sonne brennt abends um dreiviertel acht. Glanz des Westens! Wales, könnte man sagen, ist eine mildere Bretagne. Oder jemand könnte mit Fug äußern: die Seealpen der franco-italischen Azurküste sind hier verniedlicht und vernördlicht…

III

Aber auch etwas verschrofft. Bergketten ins Meer sinkend; mitunter felsighart. Dabei linde Luft. (Merkmal für Wales.) Glanz des Westens.

Ein Brockengebirg' an der Irischen See. Grünes Gebirg' — und Segel auf blauem Wasser… Ecco.

(In Schleswig ist alles nur Sand; hier Gestein und Höhe.)

IV

Glückliches Wales. Wälder, Parks, Burgen, Bergbäche, Felsfälle; landeinwärts tirolische Murenzerklüftung.

Ja: Bergland, Meerland, Schlossland.

In heiterer Luft Zinnen und runde Grautürme, Zugbrücken, Spitz-
bogen, — immer bei Fels und See.

Glanz des Westens.

(…Vor dem Gasthof am Swallow-Fall saß ein Harfenspieler; in
männlichen Jahren; erblindet. Wie aus alter Zeit.)

V

Steinerne Brüstungen am Ebbe-Meer; hinter dem alten Ort Chester.

Alles dunkelgrün oben, blau unten. Lieblichkeit. Streichelnde Luft.

Ein Schloss, phantastisch über den Abendgrünhügel schwebend —
bei der Irischen See.

Das ist Conway Castle. Etliches Mittelalter fliegt. Irgendwo in der
Ferne verdämmert Carnarvon.

Fels und Meer und Westen.

VI

Dieses Gefels ist zwar an Höhe nur ein Harz; doch an Wesenheit
manchmal ein wildes Ötztal.

Steilpässe mit Gießbächen. Felsblockwirrnis. Der Snowdon hat fast
Brockenhöhe. Zwei Schritte davon: das blaue Meer.

Die Gegend um Llandudno nennt man »seliges Tal« oder Happy
Valley. Nahe liegt Penmaenmawr, schwer von Fuchsien, — am steinern stillen Golf. Oder Bangor, Bischofsitz am Salzwasser — und
drüben guckt aus der Bucht jenes Eiland Anglesey, wo Walisisch fast
Alleinsprache blieb.

VII

Mensch! hinter dem Walisischen oder Keltischen oder Bretonischen
oder Gälischen steckt… ein Geheimnis. Ich hab's in der Bretagne erlebt:
wenn die Eingeborenen statt »oui« das Wort »ya« brauchten, — wie wir;
sie nennen die Franzosen, ihre französischen Landsleute, »Les Gaulois«.

Und ein Schotte, selbst ein nicht gälischer, spricht etwa das Wort
»cold« wie wir aus, nämlich: kalt… Er sagt nicht, wenn er vom Herzen und vom Hochland redet, wie der Engländer: »Mei haart is in
heilländ« — sondern: »Mei hert is in hilland« — wie wir. Dahinter,
sag' ich, steckt… ein Geheimnis.

Das Keltengeheimnis.

VIII

Die Bretagne ist von Wales verschieden… Die Bretagne hat kein Gebirge; nur schauerliche Mordfelsen an der See. Düsterer. Entsetzlicher. (Allenfalls auf dem westbretonischen Eiland Belle-Isle-en-mer erinnert eine großmütige Luft an walisische Milde).

Wales hat Zerrissenheiten, wie den Llanberis-Pass; rankig umdämmerte Tiefen, wie das einsame Bettws-y-Coed, es bedeutet »Kapelle im Wald«; und wieder das »selige Tal« — am Irischen Meer.

IX

Llandudno heißt gelegentlich »Neapel des Nordens«. Bitte schön. Es gibt ja (bleibt sitzen) eine »Sächsische Riviera«; ich glaube bei der Lößnitz.

Die Vogelschau vom walisischen Orme-Fels über den blauen Abendgolf, wenn alte Schlösser von fernher durch rosa Luft geistern: das ist schon südhaft… (Für Augenblicke.)

Glanz des Westens.

X

Heute gilt Llandudno als üppig; weltlich; fesch. Die Urwohner des wälschen Cymru, ehe das Normannenvolk hinkam, träumten es nicht.

Schöne, blonde, braunbackige Britenkinder sonnen sich im seligen Tal. Auch hier (wie in der Felsbadestadt Folkestone in Südengland, wo man über dem grünen Kanal Blinkfeuer sieht) auch hier diese bequemen Häuserchen ohne Zwischenraum, reihenlang, am Golf.

XI

Däumling-Autos, von Jungens durch Treten bewegt. Und Kasperletheater. Und ein Vogelzauberer, mit gedrillten Wellensittichen — am Strand. Mit einem Kanari, der ein Wägelein kutschiert…

Die Zeitung *Daily Sketch* verteilt Goldstücke, wenn ein Kind sich aus einer Nummer des Blattes phantastisch gewandet. Die Jöhren und Däumlinge haben sich geschmückt, bald mit einem Papierjumper, bald mit einer Zinnenkrone — wo immer vorn draufsteht: *Daily Sketch*.

XII

Manche Lady schreitet mit blauem Burnus, blauem Stirnband…

Aber nicht aus London. Vielmehr, in der Nähe liegt Liverpool. (Tja, England hat auch eine Provinz…) An der Themse rief die von Shaw mir empfohlene Schauspielerin sehnsüchtig im Rampenschein: »O London!« Ich rief es jetzt.

Soviel über die Hochzeit von Blausee, Grüngebirg', Westluft; von Segeln, Felsen, Schlössern.

SCHOTTLAND

EDINBURGH

I

In der Gegend von Carlisle (nicht zu verwechseln mit Thomas Carlyle, dem Heldenzeloten aus Schottland) sah ich das erste schottische Mädelchen. Zehn Jahr'; gefaltet schottisches Kurzröckchen; nackte Beine; rotes Haar. Sehr, sehr schottisch.

Das Wappen dieses Landes müsste sein: schottischer Stoff; Dudelsack; rotes Haar; nackte Beine.

Ich kam zuvörderst nach Edinburgh.

II

Edinburgh… Kreuzung von Kristiania, Prag, Lissabon. Auch ein bissel Genua. Mit Lissabon und Genua gemein hat es das Übereinandergebautsein der Häuser. Zwischendurch trachtet es (erfolglos) nach Verwandtschaft mit… mit… mit Athen.

In die Ecke, Besen, Besen!

Auf der wichtigsten Straße (Princes Street) erblickt man z'ersch amal Denkmäler für Geistliche; für Superintendenten; für reverends. Eoh! eoh! Das liegt mir so wenig wie die, oft spitze, Architektur. (Vieles der Architektur bleibt hier dennoch wunderbar; nämlich ernst und schwarzsteinern. Davon hernach.)

Alles düsterer, als ich geglaubt… Eine Norderstadt. Das ist es. Eine Norderstadt.

III

Mit Kristiania verwandt sind Seitenstraßen, die in leere Luft enden. Bei Kristiania auf den Fjord; hier auf den Firth of Forth — (nein, auf Schwebestraßen über ihm).

Die Mädchen gehn, wie zu Kristiania, im hellen Licht über Princes Street. (Wetterbericht: »Heute Sonnenuntergang 10:20«.)

IV

Es ist was Totes, Verschollenes, Verschlossenes, Hoffnungsloses über der Stadt. Selbst in der Heiterkeit was Spätes und Snahes… Dabei griechische Säulen auf dem Felshügel? Hach, die Akropolis heißt hier Calton Hill.

Das Griechentum des Hügels wird noch entwest vom Kreuz, das drüber zwischendurch erscheint. Ich war zweimal im wirklichen Griechenland…

Die Bevölkerung ist nicht so weltlich liebenswert wie unten im Themsereich. Die Schotten wirken bäurischer. Antlitze ländlich-schändlich. Wohl harte Pflichtmenschen; mangelhaft auftauend; reizloser. Ungelenk auch in der Sprache — doch, wie man sagt, herzenstreu. Ein Sohn Londons ist gegen diese Bevölkerung ein Wiener. (Dabei sind mir die Wiener unausstehlich.) Romanischer Einschlag scheint nicht hinaufgelangt. Das wird es sein.

V

Bei gutem Wetter ist Edinburgh (diese Enttäuschung) leidlich. Aber zu viel Rauch.

Eine fröstelnde Schönheit… noch im Sonnenglanz. Etwas an der Grenze nach Mitternacht zu. Bleich selbst im Ruß.

Ein Griechenland mit Bahnrauch und John Knox.

VI

Dazu sieht man Soldaten, nacktbeinig, ballettröckig. Sie sind regnerisch und kalt. Der Mensch friert beim Angucken. Diese Hochlandsschaut… , wollte sagen: Hochlandsschotten gehn über Princes Street zwischen öden Bürgern, misskleideten Unmädchen, — durch das bleiche Licht.

Ecco.

VII

Walter Scott hat ein Denkmal an der besten Straße. Weil er Heimat beschrieb.

Sein Denkmal ist… wie eine gotische Kirche, nur wandlos. So oben zusammenlaufende Kringel — mit Parochie-Charakter. Spitzgotischer Zuckerkrimskrams…

Die Burg steht herrlich-kühn hoch auf dem Fels — aber zwischen dem Fels und der Hauptstraße liegt bauchig-rauchig ein großer Eisenbahngraben. Sehr übel; obschon mit Bauten und allerhand Grün gefüllt. Item, die Akropolis hier starrt an einem… Nordseearm.

VIII

Edinburgh, trotz allem luftdurchlässigen Säulengereih', wirkt ja wie ein unterweltlicher Abschied von Hellas. Ein finster-spärliches Gegenhellas. Ein Vorhof der Mitternachtssonne. Beginn des Aufhörens. Anfang der Verlassenheit. Es liegt Verkniffenes, Letztes, Einsames in allem Gewimmel von Häusern, Kirchen, Burgmauern, Trotzwällen, Wuchtzinnen, Luftsäulen auf dem Fels. Nicht meine Stadt.

Was Fahleres-Kahleres.

Herrlich und kennenswert und nennenswert — aber nicht meine Stadt.

IX

Die schottischen Kirchen sind schön. Der durchbrochene Kronenturm wie eine steinern-luftige Bischofsmütze — auf St. Giles. (Auf manchem Kirchel noch im Hochland.)

Wunderbar, wenn sich in Edinburgh der steingraue Häuserzug von abendlichen Bergzügen abhebt…

Nur Alt-Edinburgh hat seinen Zauber. Mit phantastischen Durchgängen, Torwegen, gepflasterten Steilpfaden, Engpässen, Treppengäßlein, Talwinkeln, Gangsteigen.

Es wirkt an einem Punkte wie Innsbruck, gegenüber von der Frau Hitt.

Hier steht ein Tempel für Robert Burns (gesprochen: Rabby Barns). Ihn selber sah ich nicht. Er wurde gereinigt, vom Bahnqualm… Doch er guckt, wenn er sauber ist, auf Bergwände, weg über Edinburgh (nebst Eisenbahn).

Hier war ich nachts um elf, als die noch helle Bergstadt und Meerstadt (und Eisenbahnstadt) zu versinken begann.

X

Edinburgh ist im früheren Teil… ja, eine Ballade. Die High Street in der Altstadt; steil, mit schwarzgeschnittenen Kirchen. Die Straße düster, unbreit, steinern ansteigend — oben das Königsschloss der Schotten. (In dieser, wie auf Stichen verschollenen, schweren, steilen, dunkelnden Nordstraße liegt jener Dom, St. Giles, mit der durchbrochenen Wipfelkrone.)

Zwei Schlösser: eins oben auf dem Straßenberg; eins tief im Gassental. Oben hauste Mary, Queen of Scotts; sonst Maria Stuart genannt. Ihre Schlafkammer ist erstaunlich klein — im Verhältnis zum Nachdruck ihres Wirkens.

XI

Ein Feldwebel-Falstaff führt mich. Blaurot. Jede Sekunde kann ein Schlag ihn treffen. Scotch Whisky… Erzählt von einem Besucher vor dem Krieg, der sich deutschfeindliche Worte verbat. Es war (schwindelt er) Bethmann-Hollweg. Nach einem Bild hat er ihn erkannt. Scotch Whisky… Platzt er jetzt? Hei lewet noch! Blaurot.

XII

Mary, Queen of Scotts, ließ vom Schlafzimmer (das erklärt ein andrer Wärterich) ihr Kind nächtens an einer Schnur herab — damit es ja römisch-katholisch getauft werde…

Nein, über die verschiedenen Sorgen der Bevölkerungen! (Weltgeschichte.)

Maria Stuart sieht auf einem gedunkelten Bildnis, mit stumpfgerundeter Nase, hübsch und lecker aus. Immerhin: der Tod für sie bleibt ein mir unfassbares Vergnügen. Das gibt's in jedem Nest von Österreich. Allerdings nicht mit der schottischen Krone… Aha!

Der Blick vom Schottenschloss erinnert an ein steinern-machtvolleres Prag — das über dem Meeresarm läge; Hochland dahinter. So das Oberschloss.

XIII

Das Unterschloss aber, am Schluss der Steilgasse, heißt Holyrood Palace… Ihr italienischer Privatsekretär, Signor David Rizzio, wurde hier abgekehlt. Sie kam von Frankreich als junge Witwe; hoffnungsvoll. Die Mörder drangen in das Esszimmerle, wo sie mit ihm saß (und mit der Herzogin von Argyll, aus Anstand). Sie schubsten ihn zum Treppenflur, zerdolchten seine Bronchien, er brüllte gewiss: »Dio mio! che vuole?! Santa Madonna!«...

Mary, welche das Heiraten nicht lassen konnte, nahm darauf den Darnley, den Bothwell, — sie ähnelte der früheren Königin von Sachsen. Gerhart Hauptmann sagt: »Amal will jedes... auch de Frau.« Aber diese Frau wollte zu oft.

(Der Geschichtschreiber soll die Anziehung nicht in ihrem Gesicht oder sonstwo suchen; sondern in der für Offiziere lockenden Einkunft.)

Das Kätzchen kam hernach in die Krallen der königlichen Tugendkatze — die als Jungfrau, mit einem Mann für jede Woche, von Bürgern verehrt, in die Weltgeschichte hinüberstarb.

Mary, Queen of Scotts, verlor nun ihre zwei Schlösser, das obere wie das untere.

XIV

Am Schlusse jedes Mahls, das ich in Edinburgh schluckte, gab es, weil die Entwicklung friedlich geworden ist, »Croûte Norvège«; ein buttergebratnes Brot mit Spänen oder Mus von geräuchertem Fisch drauf. Statt des Käses. Für dieses Land gewiss eine Verworfenheit.

Oft in Edinburgh erblickt man (Geschichte hin, Geschichte her) himmlisches Kupferhaar. Auch leuchtend goldloderndes Brandhaar.

Und im Hafen Leith wittert nochmals ein seltsames Prag dahin, über ein nordisches Meer. Unweit von jener Stahlbrücke, gigantisch über den Firth of Forth gereckt. (Gigantisch? Wer am Hudson und auf Manhattan war, findet sie... immerhin sehenswert.)

Um jedoch der Architektur ein gerechtes Wort nachzurufen: sie ist stark auf der ganzen Insel. Gewuchtet-ruhig. Großgeartet. Stumm. Fern von Aufdringlichkeit... Auch fern von Begeisterndem.

XV

(Was jetzt kommt, ist — noch nicht Schottland. Ob es gleich in Schottland liegt: die Trossachs. Gewissermaßen Vor-Schottland. Die Lochs oder Bergseen bei Glasgow und Edinburgh.

Hier muss ein neues Blatt beginnen — bis der Herzsaft quillt.)

HOCHLANDE

I

Also dies Waldtal, die Trossachs, mit Loch Lomond und Loch Katrine und Inversnaid und Stronachlacher, unfern Glasgows und Edinburghs, — das alles ist, ob es schon in Schottland liegt, nicht Schottland. Reizend… aber noch nicht Schottland.

Gewiss, — Fingerhut, Margueriten, Baumschlag, Butterblumen, Farrenkräuter, Mohn, Lärchenwipfel… Auch Getier mit prachtvoll verschlungenem Hörnergewind; jawohl.

Triften und Ufergerank und Altbäume. (Die Einsamkeit gemildert von Cook.) Zugegeben.

Der Loch Katrine ist gewiss ein felsiger See; der Himmel darüber gewiss lichtblau; einverstanden; der Wind gewiss frisch. Über den Sattel weg sieht man einen andren Loch. Gewiss; gewiss.

Aber das braucht nicht in Schottland zu liegen.

II

Zwischen zwei Seen in der Coach galoppiert man mit vier Gäulen; hoch der Kutscher, rotröckig, mit grauem Zylinderhut.

Alles das ist einschmeichelnd, überraschend — aber fast wie bei Stockholm der nahe Fjord kleinen Wuchses. Immer noch nicht…

Die Seen von Edinburgh und Glasgow sind nur ein Gatter zu Schottland.

Das letzte Schottland liegt: in Nordschottland.

III

Erst wenn der Mensch gen Aviemore strebt, auf Mitternacht zu, nicht weit von Inverness — da fängt es an.

Waldungen, Hänge mit Buschbäumen… zu Beginn lieblich, nur wie von Hans Thoma. Dann schroffer. (Vorderhand noch Waldgründe; Steinflüsse breitbettig. Härteres.) Aber jetzt…

IV

Aber jetzt. Bergflächen rotblau behaidet. Mit einem Schlag zaubervoll.

Unnennbares Ineinander von Haideflieder, Haidekraut, Ginster, Moor, Möwen. Das ist es. Reglos; menschenscheu; beglückend.

Guck, den übergrünten Karst. Schimmerblau dunkle Rücken, blassere Steinzüge. Ja, zaubervoll!… Berghaide, flach anklimmend. Beharrsam verwurzelt. Ehern-fest. In sich gesondert; lärmvergessen. Darin manchmal dieser brennend gelbe Ginster!

V

Hochflächen mit lichtem Grün, schwarzem Grün, knorrdicht, voll Pelz und bockigem Niedergebüsch.

Was für Farben! Blaurot und grünfinster. Wieviel getrennter Stumpfglanz! Das Starrgrün und das Lichtbetupfte, beim felsigen Rot des Grundes, beim Grau des Steins. Jung umleuchtet und um-frischt.

Ah, — gewellter Dunkelteppich, wieder lachend mit Getupf. Wieder pelzdicht aufwärtsgereckt. Und alles, man wittert es, zwischen zwei Meerarmen.

VI

(Dieser Ginster-Gelbbrand wird ganz toll.)…

Dennoch: wo die Felshaide nur grün ist, bleibt sie für mich am schönsten.

Atmend-stumme, pelzige, klimmende, schleirige Welt. Einsamkeit.

VII

Hier liegt Schottland.

Kuppen und Ketten und Lämmer. Ernst-lieblich. Kesselhaide, fernhin. Etwas Großartig-Verschwiegenes, Schweres, Ruhendes… und Holdes.

Eigenständiger als irgend etwas. Das gibt es zum zweiten Male nicht.

VIII

Widder mit schwarzem Kopf, doch gelbhell leuchtendem Schwer-behang. (Bei so einem Schottenhammel denk' ich, komisch, an den

Münchener Gasthof zum Schottenhamel, mit einem »m« — wo ich so oft gewohnt; unten gibt es Franziskaner.)

…Geröll; niedere Steinmauern endlos; vergessene Markungen. Fichten, Schroffen — am Haideteller; Seevögel drüberhin; schwarzköpfig auch sie; der Leib weiß; Möwen.

Verschollen ein Haideschloss, irgendwo. Langhin, irgendwo, dunkles Bergluchwasser; Loch geheißen. Loch, lake, lac, Luch, Lache — ist es verwandt? Eine Pfütze nennt man in Schlesien heut noch »Luusche«, das »sch« weich gesprochen. Volkskinder verlangen ein Bier im Schweidnitzer Keller spaßhaft: »Noch ane Luusche!« (Man sagt, es komme vom polnischen »kaluza«, gleich »Pfütze«, nicht von »loch« — aber woher kommt kaluza?)

IX

Die lochs in der grünen Felssteppe sind großlinig von Blauhöhen eingekränzt.

Jäher Wechsel: pudelköpfige Birken; Fettgras; Lichtes; Laubiges; Wipfelungen — dann geholzter Schwarzwald. Die Stille wie geladen.

Verwehter Ginster. Verlorene Bergflüsse. Herbe Seligkeiten. Ab von der Welt.

(Schottland.)

X

Ich komme nach Aviemore…

Bei Aviemore ist's nördlich — noch nicht nordisch. Hier entfaltet sich das Genie der Sprödheit… am hinreißendsten; von allem, was ich sah. Man spürt's in Fingerspitzen und Nerven.

Braunviolett neben dem Grün. Haideglocken. Seevögel über dem Binnenland hausend, nistend, auf Pflöcken hockend… Schwalbenschrei, Möwenruf, Kleinvogelgepieps — alles am langgestreckten, dunklen Haidebergsee.

…Ein Haus, von Höhen umeinsamt.

XI

Schottland ist die Verzehnfachung der deutschen fast ebenen Haide. Warum? Der Mensch empfindet hier fern das Meer und nah die schweigenden Ketten.

Himmlisch, in der Luft, in dieser Wildfrische sich selber ganz still zu fühlen.

Alles ist starr — doch voll saftscharfer Lieblichkeit. Waldig-allein; mit vereinzelten Lärchen, Birken, Meervögeln. Oft wie verstorben-windruhig; gläsern. Die fliegenden Schreie weit von oben. Am Moor dunklere Wasservögel. Und hier...

XII

Wie schwarzschillernde Tinte blickt heut', am Morgen, der Haidebergsee. Ein lichtlos verbleichendes Vormittagsdüster auf bebuschtem Bergrand.

Wo sonst Schwarzgrün ist und Braunrot — da herrscht... Schwarz. Die Erde hält den Atem zurück.

Am Bug der Berghaide wittert was Dräuendes. Schlafstille — bis auf etliches Einzelgeflöt... und ein fernes Hundchen.

XIII

Ja, alles wie verbleit. Benachtet. Schattenstreng.

Dabei frische Weichheit in der Luft. Am Wasserrand wilde Rosen.

(Abermals einsame Widder, schwarzköpfig, schwarzfüßig... doch leuchtgelb schwerbehängt — mit Fransen bis auf die Erde.)

XIV

Was ist Schottland?

Schottland ist ein grübelnder Garten. Von lautlos geheimer Fülle. Verborgene Wildnis, Einsiedelung, in sich versenkt. Was Verstocktes, Blinzelndes, — Einziges.

Glanzlos, abgeschieden — mit Krumenhauch und Salz-Ahnung. Nicht barsch... nur verschlossen. Mit Purpurschimmer. Mit Gesträuchen voll Minzeduft. Mit hängendem Reichtum. Das Wundersamste nach dem Meer.

Der Mensch kommt hier zur Rast... mit seinem Rätsel.

(Das ist Schottland.)

XV

Nicht weit von Aviemore ist Allt-na-Criche. (Die Schotten sprechen das »ch« wie wir.)... Dort liegt, im herbholdesten Teil des

Hochlands, das abseitige Besitztum eines in Deutschland Geborenen — der siebenundzwanzigjährig nach England verpflanzt ward… und heut im dreiundsiebzigsten Jahre steht.

Sir George Henschel. Mit Brahms in lebenslanger Genossenschaft und Freundschaft verbunden. Der Sänger Georg Henschel haftet im deutschen Gedächtnis — mit seiner edlen, herrlich-dunklen Stimme. Mit gemeisterter Kunst.

Von Klara Schumann oft in Konzerten zu Schumanns Liedern begleitet. Mit ihm sang Amalie Joachim — in meiner Kinderzeit, als der Vetter was Sagenhaftes, jedoch sein Pudel Sever eine Bübchenwonne war.

Ja, in dem »dear, old picturesque Breslau«, — wie der Siebziger nach einem glückreichen Leben in dem Buch »Musings and Memories of a Musician« es lächelnd nennt.

XVI

(Er schildert nachdenklich den Engländern die alte Schuhbrücke, wo er schräg von unsrem Wohnhaus zur Welt kam.

Ich weiß noch: seine Schwester Hedwig war damals ein schönes, lindes Fräulein mit besänftigenden Augen. Er selbst ein fortreißender, mannsschöner Künstlermensch. So hat ihn Sargent gemalt; und in Lenbachs Bild von seiner Tochter, heut Frau Helen Claughton, gewahrt man die Züge dieser schönen Menschen wieder.)

Die schlesisch alte Singakademie steigt auf… Mit achtzehn Jahren singt er vor Konzerthörern in Leipzig bei Riedel den Hans Sachs, mit seiner adligen, tiefen Baritonstimme.

Wer ihn irgendwann mit seiner verstorbenen ersten Frau, der großen, zarten Künstlerin Lilian Henschel, einst Fräulein Bailey aus Boston, mit Entzücken gehört hat, der begreift, weshalb ihn die Briten zum Nachfolger der Jenny Lind am Londoner Royal College of Music ernannten… Die Briefe, die Brahms an ihn gerichtet, wurden früher schon deutsch veröffentlicht.

XVII

Ein begnadeter Mensch — auch wenn er nie ein Sänger von solcher maëstria gewesen wäre.

Drei Jahre lang hat er das berühmte, von ihm geschaffene Symphonieorchester in Boston geleitet, ging zurück nach England, war ein Freund von Whistler, der Alice von Hessen, Hans von Bülows. Fast mythisch: oft bat ihn Robert Browning, Händel zu singen… Edward VII. hat ihn verwöhnt; die alte Victoria ihn zum »Sir« gemacht. Burne-Jones war sein Freund. Und in die Frühzeit bis in den Abschnitt, wo er als Dirigent London für deutsche Musik reifer machte, blickt immer Johannes Brahms… ein Leben hindurch.

XVIII

In dem Dorfgasthof von Lynwilg am Loch Alvie nahm ich einen Wagen, fuhr durch einsame Schmalwege mit Hecken, rechts von dem Luchwasser, an Moor und Trift, im Abendschatten der Bergzüge, bis an sein Haus — und trat unangemeldet ein.

Das erste war eine Nurse. Dann Helen Claughton, mir unbekannt; nie erblickt. Das Haus liegt in einer Fülle von Hochlandsschönheit. Ein ganzes Anwesen. Im Freien ist ein »Beethoven-seat«; eine Beethoven-Bank vor den Bergen.

XIX

Georg saß, als wir hereinschneiten, am Flügel in seinem Studio, einem besondern Bau. Er spielte seiner kleinen Tochter (von der zweiten, sympathisch-sorglichen Frau, das Kind ist zwölf Jahr) eine Sonate von Beethoven. Ich kann alles das kaum beschreiben.

Vor dreißig Jahren waren wir uns zuletzt einmal begegnet. Nichts mehr gehört. Alle Zwischenglieder längst verstorben… Ich sah nun einen Siebziger, mit dem alten, lockig-buschigen Haar. Aus ihm blickten verschollene Familienbilder — und er schien wahrhaftig nicht älter als wenige Vierzig; ganz noch in seiner gebändigt feurigen Kraft.

…Er sprach: »You look like your mother.«

XX

In diesem Raum, wo der Flügel stand (und Höhen hineinblickten), waren auf großen Gemälden Phantasiegestalten mit Goldgrund. Rings eitel Schönheit.

In andren Räumen hingen Bilder, die Brahms, als er noch keinen Vollbart trug, ihm gesandt; ein den Heutigen fremdes Gesicht.

Andenken sonst — aus einem sonnenträchtigen Dasein.

Am nächsten Tag… Ist es möglich? Als er am Flügel saß; als die macht- und zaubervolle Stimme, die man dreißig Jahre lang im Gedächtnis behalten, wieder in jener tiefen Herrlichkeit erbrauste; wie aus entrückter Zeit; und wieder in die Seele drang… da kam einer der Augenblicke, wo man den Kopf senkt.

Ein Künstler bis in die Fingerspitzen saß hier — ungealtert. Ich werde das nie vergessen. Das Bewusstsein des Vergänglichen war wie ein süßer Schmerz.

XXI

Schön wie Gesang ist solche Lebenskraft… Auch Helen scheint vom gleichen Blut — Tochter dieses Vaters und ihrer unvergesslichen Mutter.

Sie sang Debussy. Mit leuchtend-beherzter, glückjauchzender Kraft. Sie steht in den Dreißig. Ihr Schwiegervater ist der anglikanische Bischof Claughton.

XXII

Wir schritten durch die Zimmer. An der Wand hing der verjährte Stahlstich eines älteren Mannes… aus dem Zeitalter, wo es noch keine Photographie gab. Dies selbe Bild hängt bei mir im Grunewald: das lächelnd innige Gesicht, im väterischen Graurock, der Kopf voll dichter Locken. Das Bild seines Großvaters, — der mein Urgroßvater war; aus der Zeit um 1820.

Seltsam. Ich hatte von dieser britischen Reise manches erwartet, aber nicht, meinen Urgroßvater auf der Hochhaide wiederzufinden.

Noch weniger die durch nichts zu erschütternde Tatsache: dass ein Bischof mein Kusäng geworden war.

Die Welt hat für mich keine Wunder mehr.

XXIII

(Der Bischof wird es überstehn… Aber ich? —?)

BIRMINGHAM

I

England ist ein Garten — zwischendurch rauchschwarze Flecke.

(Das Gartengrün zu halten, kostet Geld. Der schwarze Rauch be-schafft es)…

II

Um die Fabrikstadt Glasgow (mit Paisley!) ist immer noch reinere Luft als um Birmingham.

Rußnebel. Kohlentrübheit. Wolkenschmutz. Luftkot. Staubdunst. Aschenbrodem. Und Krane, Krane, Krane — samt Schloten, Öl-tanks, Abdichtungen, Bretthaufen, Feuerungen, Schlackenhügeln.

Der Mensch hier atmet Unflat… und scheint misslaunig.

III

Birmingham teilt sich in die Oberwelt und in die Unterwelt. In einen Olymp (es ist kein echter Olymp). Und in einen Hades (es ist ein echter Hades).

Wie bei uns in Essen, gehen die Straßenzüge bergig. Doch Essen hat im Grund nur eine Hauptstraße. Essen wirkt zweckhaft. Und kernsachlich. Es macht erst keinen Versuch, Berlin zu werden.

Birmingham aber träumt von London.

IV

Das Olympviertel dort schmückt sich mit klassischer Zier, mit korin-thischem Säulenglanz, mit einem Jupitertempel; das ist an hundert Jahr' alt… und nennt sich Town Hall. Oder mit einem Beratungs-haus, wieder säulenreich, steinern, großartig.

(Mensch, in diesem schwarzen Dachgemäuer ist ein Venezianer-mosaik von Salviati; schön zwar nicht — aber es weht ein Gedenken der Gondelstadt zu dem Wanderer, im Kohlendunst…)

V

Das Forum. Die Freiluft-Walhalla. Da steht Edward VII., mit jenem putzigen Taktstock, den man Szepter nennt. Daneben seine Mutter.

Vor beiden Peel, der Staatsmann, — und das ist ein Spaß. Denn Peel setzte ja den Freihandel durch... während justament Birminghams Abgott, Joseph Chamberlain, Handelszöllner blieb — dieser dunkle Deutschenfeind aus dem Stahlgeschäft.

Er verdient kein Denkmal (in dem Ort, wo Watt und Priestley gelebt); doch er hat's. Zum Glück einen grässlichen Brunnen.

(Beschmutztes Papier und Fahrscheine schwammen im Becken herum — eetsch!)

VI

Großartig im Stil bleibt jenes Pantheonviertel der Hochstadt. Und Bibliotheken, Galerien, Sonderschulen! Alles voll Mächtigkeit.

Sonst... ein Getrieb ohne Charakter. Keine angenehme Stadt.

Die Menschen lieblos gekleidet (»Oh London!« rief sehnsüchtig die Schauspielerin Gladys Cooper — wie gesagt)... Lärm, Schönheitsmangel, Staub. Kein gepflegtes Antlitz.

Welches Wunder, dass Burne-Jones, der Präraffaelit, hier zur Welt kam. (Ein Irrtum, über den er so erschrocken ist, dass er schon fünfundsechzig Jahre darauf starb.)

VII

Im Hadesviertel paffen Schornsteine. Hinab stieg ich in den Teil, welchen man Handsworth heißt.

Trostlos hässlich. Schlote, jeder dick wie ein Wasserturm. Dazu hoch...

Die Feuerzauberer dort in Hammerwerken züchten grässlichgrausliche Stahlgebilde. Glutschöpfungen im Dampfhauch. Millionen Kriegsgewehre; (uäh!) Milliarden Schreibfedern; (immerhin!).

Der kritische Mord mittels Schreibfedern ist halt nicht so vorzeitplump, nicht so unappetitlich, nicht so bestienblöd.

VIII

Beiläufig waren, als ich in Birmingham herumging, an hunderttausend Workers beschäftigungslos.

Eingeborene Leute, nämlich Arbeitsmänner wie Geldmänner, guckten unfroh.

Was erzählten sie mir? Schlechte Zeiten! Arbeitsmangel! Und Deutschland? Ach, aus Deutschland bezog Birmingham früher Kameras zu sechs Pfund Sterling — wenn sie dort zwölf kosteten. (Wehmut.)... Hoch klang sogar das Lied der deutschen Lokomotive.

IX

Einer, der vom »Great War« oder Weltkrieg sprach, äußerte mir freimütig und sonst freundgesinnt, die Deutschen seien... (Bewegung an die Stirn). Er umschränkte den Sinn dieses Griffs, indem er ihn genauer auf eine (hier nicht zu nennende) Kastenschicht bezog — und auf eine (hier durchaus nicht zu nennende) Person, die seit längerer Zeit, als Deserteur, in Holland auf prallem Geldsack sitzt... was der Rest von sechzig Millionen kaum sagen kann.

X

Während ich Birmingham abends und vormittags mit dem Dauerschrei: »Oh, London!« durcheilte, bot eine Ankündigung von fünf in derselben Woche gespielten Dramen Bernard Shaws halb und halb die Brücke zur Versöhnung mit dieser Ortschaft.

Wollen's hingehn lassen. Schon gut. Hab' mich lieb, Forum. Ein Handwink an den verirrten Venezianer-Brocken. Für die Schornsteine mein Kompliment.

Und fort.

XI

Jetzt, wenn man draußen ist, hört Birmingham endlich... nein, es hört immer noch nicht auf.

Reise, Mitmensch, in einem Schnellzug davon; hernach, wenn du schon Wolverhampton hinter dir hast, erfreuen dich abermals Schlackenberge, Bretthügel, Krane, Rußwolken, Himmelsdreck, Aschenhauch, Kohlendunst.

Blähungen der schwarzen Stadt.

(Bis man gen Westen biegt... wo blau und felsgrün und rein Wales dämmert.)

XII

Doch wäge bei alledem dein Gefühl. Mancher hochstehende Kopf und Zeitgenosse raunzt wider »industrielle Scheußlichkeit«. Das ist... wie wenn jemand bloß essen will — aber keine Küche wünscht.

Ein Mangel an gerechtem Sinn.

XIII

Ich selber hasse trotzdem Küchenduft... (Was ist der Mensch! O Gott, hol's der Teufel!)

ENGLANDS NEUE SEELE

I

England ist ein Triftenland; ein Grünland; ein Buschbaumland; ein Heckenland; ein wohnliches Land. (Mit rußigen Strichen)… Was für eine Menschenart haust hier?

II

Ich zeigte: welcher Art sie nach dem Krieg leben. Was für Kleider sie heute tragen; was für Denkmäler sie setzen; was sie kauen; wann sie trinken; was auf Märkten knackfrisch, noch in Whitechapel, prangt. Ich zeigte sie beim Polo. Bei Regatten. Im Theater. Ich zeigte sie dann in Oxford. In Schlössern. In Domen. In Shakespeares Gau. Ich zeigte sie am linden Seegebirg' und im Hochland. In Hammerwerken. Ich zeigte die Gesinnung: wie sie nichts mehr gegen uns haben… aber noch nichts für uns. Ich zeigte den Seelenbau von englischen Politikern. Zuvor die Abweichung des herdenlos denkenden Shaw (oder doch mit der künftigen, also besseren Herde denkend).

Und ich frage: Was für eine Menschenart haust hier?

III

Doppelt rätselhafte Blutmischung. (Denn alle Blutmischungen sind rätselhaft.) Ich grüble; schürfe; folgere…

Seltsam diese Hochzeit von altem Kulturblut mit jüngerem Rohlingsblut.

Von Besonnenheit mit rüder Frische. Von vornehmer Art und Raffgier. Von Hilfswillen und Protzenschaft. Von Weltbändigung und Läpperspiel. Von Freundlichkeit und Gewalt. Von Takt und Dünkel… Von Räubertum und Wohnlichem. Von Selbstsucht und Erziehersinn. Von Bequemheit und Kriegskraft.

Was für eine Menschenart haust hier?

IV

Manches wirkt spaßig auf uns. Ich denke mir: vielleicht stammt aus der Mischung von normannischer, also französischer Ziergeckerei mit bäurischer Sachsenschwere jener Zug von begütertem Narrentum: im geckfeierlichen Wichtignehmen jeder Sportwinzigkeit — bei stilleforderndem Ernst… Die andächtige Vorschrift für eine Reithose. Kurz: das Emporkömmliche… (Was romanische Völker nicht haben.)

Ich wittere da den inneren Ringkampf zwischen dem lässigen Franzosenkavalier… und dem klobigreichen Schiffer.

Kreuzung von Höfling und Dörfling.

(Ein oft kindisches Formdasein. Vorgeschrieben-Äußerliches. Erfindung willkürlicher Umgangsregeln. Erfindung einer strengstens vorgeschriebenen Mahlzeitstracht. Albern-ernste Freuden eines zu Wohlstand Gekommenen… Ja, ich denke mir: das stammt aus jener Mischung von zierhaftem Blut mit dickem Blut.)

V

Das Bild der alten Sachsen (bloß nach germano-keltischem Urteil) ist fürchterlich. Ich teile die Bewunderung für Völkerwanderungsmenschen keineswegs. Sicherlich lieferten sie frisches Blut. Bleibt jedoch fraglich, ob sie damals mehr neuen Wert gebracht… oder mehr alten Wert zertrampelt haben. Die Entwicklung scheint mir zurückgeschubst.

Weltgeschichte soll einer nicht als Schmeichler der Gegenwart sehn.

Wie schildert sie das Zeugnis der Ihren? — Freundlich so: als Gierschlünge, Menschenjäger, Fleischerhunde, Blutbestien, grausam-heitere Sadisten, Mordlächler, Plünderer… Sie gelten ihrer Zeit als widerliches Schrecknis für die vergewaltigte Welt höherer (oft klerikaler) Sassen — so viel Jahrhunderte nach einer menschlicheren Ethik. So viel Jahrhunderte nach gestufteren Geistern, wie Hamurabi, Mose, Platon. (Zu schweigen von jenem Josua aus Nazareth, den sie bald für ihre Schlächterei mit ungeschickter Lüge blutroh nutzten.)

Ihr Volk schildert sie als Verräter gegen die Eignen. Als Meuchelgeier — sie schlachten sich untereinander ab. Als gierige Sklavenhändler: sie verkaufen ihre Kinder für Geld…

Aber dann wieder sind sie keusch, tapfer, gefolgstreu, nicht nur hart gegen sich, sondern frauenfromm — also was man aus dem Tacitus weiß.

VI

Diese Wölfe wurden in England Haushunde?…

Ich sehe fast, wie. Mit wem paarten sie sich? Die Ureinwohner denk' ich mir, müssen schwach gewesen sein, — denn sie holten gegen heimische Bedränger… auswärtige Bedränger zu Hilfe: die sächsischen Wanderratten. Schön.

Aber zuvor? Zuvor hatten die Britannier doch vierhundert Jahre lang Römer bei sich; also muss lateinisches Blut in die Kelten geträufelt sein — oder was sie sonst waren. Und dann?

Dann jene kelto-lateinische Mischung plus Mischung der sächsisch-raubsüchtigen »Helfer« mit Franzosen, lies: französierten Normannen. Es ist nur achthundert Jahre her.

Hier also steckt zum zweiten Male die Hochzeit mit lateinischem Zähmungsblut.

Das wird es sein.

VII

Diese Mischung hat (wenn man das stark angelsächsische Amerika hinzunimmt) in den letzten Erdkrämpfen mehr Endkraft gezeigt als die deutschredende Slawenmischung, die uns umgibt.

Gezähmteres Blut scheint also die Vorhand zu haben? Nein; bloß politisch! Dies ist ja das Merkwürdigste… Denn unabhängig von der Politik blüht in Deutschland eine weit höhere Geisteswelt; weit gestuftere Zwischenformen des Gefühls; weit losere Schwingungen der Seele. Nicht nur allerhand Musikgenie… Der Einzelne bei uns, mag er politisch wirr sein, hat ein minderes Maß britischen, bloß tatbereiten Engsinns.

Der wahre Historiker muss ohne Rücksicht sprechen. Darauf kommt es an.

(Am Schlusse steht er dennoch vor einem halbdunklen Tor.)

VIII

Mir dämmern die Windungen der englischen Seele.

Sie treiben Sport nicht nur, weil sie wollen: sondern weil sie müssen — wegen des Klimas. Zweckmenschen. Bloß in einem Punkt Verstiegenheitsmenschen: sie halten sich für das auserwählte Volk.

Sie denken arglos etwa so: »Wir Engländer haben die besten Pferde, die besten Hunde, haben vieles als erste sonst gezüchtet — warum sollten wir nicht auch der beste Schlag selber sein?!« Mit dem stillen Beigedanken: »Alle Völker kommen ja zu uns, haben uns was nachgemacht, die Neue Welt sogar stammt von dieser Insel, wir sind Vorbild, Regulator — well, da stecken Merkmale für ein auserwähltes Volk.«

(Sie könnten zufügen: »Unsre Herrschaft über die Welt währt bekanntlich so lange, wie kein Rom es je vermocht.«)

IX

Sie horsten auf dem Fels des Rohstoffs. Baumwolle; Gold; was du willst.

Sie lassen die Leine locker, wo sie Gewalt üben. Nie verrannt.

Haben wenig zersetzende Elemente… Will sagen: keine schwachsinnig wütenden Schädlinge, die ihr Vaterland mit zweckleerem Schneid und brutalem Mord ochsendumm in den Schmutz wirtschaften.

(Zersetzung stammt ja von Solchen, die eifernd starr, aber wenig klug sind.)

X

England ist eine Republik mit dem König an der Spitze. Heut erst recht… Sehr spaßhaft ihre Stellung zum Herrscherhaus — nein, zum Königshaus. (Nicht dasselbe!) Wie erklärt sie sich?

Weil England auswärtige Filialen hat, könnte leicht eines üblen Tags jemand aus Kanada Präsident sein wollen — falls auch amtlich das Ding Republik hieße. Das darf nicht geschehn… Darum halten sie sich, heute noch, einen Monarchen.

Dieser Behang für einen Mittelpunkt (ich wechsle die Gleichnisse fortwährend) wird nach dem Krieg doppelt gut behandelt. Georg ist… ein lieber Gast. Sie hätscheln das gesamte Haus. Schanzen ihm allerhand Eigenschaften (sogar Taten!) zu, die nicht Wirklichkeit sind. Sie erlauben ihm sonst allerdings nichts. Sie schaffen halt ein liebes Zentrum — das sie verwöhnen, aber an Betätigung hindern.

Der Kanari im Königsbauer ist wiederum sehr nett zu ihnen. Keine Kafferndistanz! Hausgenosse! Sie freuen sich, wenn er zufrieden piepst.

XI

Jedes Tingeltangel in England schließt heute mit »God Save the King«; jeder Ball; jeder Kientopp. Nur so, wie wir sagen: »Und jetzt, zum Schluss… « Oder wie man sagt: »Kehraus!« — so sagen sie: »God Save the King.«

Der Kronprinz erscheint in jedem Groschenfilm auf seiner halb-geglückten Indienfahrt. Niemand ulkt… Sportliebend muss er auch noch sein.

XII

Daneben ist schwerer Begreifliches in den jetzigen Sitten. Widerspruch zwischen altem Takt… und neuer Taktschwäche.

Wenn etwa die nationale Schauspielerin Patrick-Campbell heut Liebesbriefe Shaws an sie gegen Honorar veröffentlicht… Sie hätte bei uns moralisch ausgespielt.

Als ich frage: »Ist sie noch möglich?« bejaht es ein englischer Freund — mit dem Beisatz: »Curious world!«

Dieser Zug ist nach dem Krieg stärker als zuvor: Die Gründe…

Wirtschaftliche Gründe! Was Frau Asquith an Peinlichem zu Papier bringt, tut sie für Geld. Zeit der schweren Not.

Engländer, im Verkehr so diskret, sind heut in ihren Blättern das Indiskreteste.

Nicht nur wird jedes Hochzeitskleid beschrieben. Schon zuvor wird festgestellt, was eine tragen will.

Der Bürgerling ist an snobbiger Neugier für Geadeltes unüberbietbar.

(Neugier auch sonst — bei Todesfällen wird ja die Hinterlassen-schaft selbst mittlerer, wenig bekannter Leute nach Pfund und Schilling in den Blättern mitgeteilt. Nur aus Neugier. Ungefähr wie man bei uns liest: »Der in weiteren Kreisen bekannte Landgerichtsrat Müller beging seine silberne Hochzeit«.)

XIII

Jeden Tag Notizen über die Aussteuer eines Gesellschaftsmädels, bis auf das Linnen. Sie wird bei der Trauung eine Brüsseler Spitze tragen, so ihr die Großmutter, Lady Stansfeld, pumpt. Das steht jeden Tag drin. Man liest, was der Bräutigam geschenkt… kriegen wird.

Sind es nicht Bauernzüge? Sind es nicht Sitten historisch Reichgewordener?

Klatsch über Klatsch. In jeder Zeitung stand jetzt, wie Lady Russel ihren Mann, den Sohn des Lord Amphthill, betrog; mit Einzelheiten. So allemal. Der Grund ist simpel.

Was nämlich vor Gericht verhandelt wird, darf in den Blättern erscheinen. Kitzlige Behauptungen würden sonst mit schwerem Geld gebüßt. Also drucken alle Newspapers die Scheidungsprozesse haarklein. Gefahrlos; nur mit Stenogrammkosten… So war es vor dem Krieg. Jetzt ist es doppelt schlimm.

Ein Engländer, den man vormals etwa fragte: »Welchen Beruf üben Sie?« oder: »Haben Sie Kinder?« hätte darin Unzulässiges erblickt. Das gibt es nicht mehr. Zeremoniendämmerung.

Eine bestimmte Form wurde vom Weltkrieg zur Strecke gebracht.

XIV

Und nach alledem…

Es ist ein wohnliches Volk. England bedeutet eine Gegend, wo der Mensch gut aufgehoben ist.

Ein sittigendes Volk. Ein pflegliches Volk.

Jeder Aufenthalt in England gab mir den Eindruck einer Reife; einer Anständigkeit; einer Ordnung; einer Sachlichkeit. Bewundernswert.

XV

Wieder jetzt war ich dankbar und voll Achtung. Wieder findet man Englands Menschen freundlich, vornehm, geschickt, zuchtvoll, ernst. Ohne krähwinklige Spottgier.

Vergaß ich den Mangel an Musik? Diese Tatgehirne schrieben schlechtere Noten; jawohl. Auch Blümlein besangen sie weniger. Doch sie schufen eine Poesie der Hausung… und machten eine Musik aus ihrer Insel.

(Jenseits von Birmingham.)

XVI

In Europa sind sie… kaum das für einen Deutschen beneidenswerteste Volk. Denn wir haben unsren durch nichts überstrahlten, hohen, inneren Sonderbesitz. Aber sie sind das geordnetste Volk. Das komfortabel-gediegenste. Das altersgefestigtste.

England ist eine Burg der Nützlichkeit — (während »Gott« die romanischen Völker und mich mehr zu Vergnügungszwecken schuf).

XVII

Ich sah diese seit Jahrhunderten wesentliche Macht für die Außengestaltung der Welt jetzt in ihrem Wendepunkt.

Das »Rule, Britannia!« wird heute zweifelhaft.

In Europas Nöten bleibt ja der Unterschied zwischen England und Amerika so: Amerika will (vorläufig) nicht helfen — England kann's nicht.

Ecco.

XVIII

Das geordnetste Volk?… Das Zukunftsvollste sitzt nach wie vor um die Hudsonmündung. Da, da, da geschieht einstens die Nachfolge.

Sie hat in diesem Augenblick begonnen.

XIX

Doch es ist der Sohn — der die Mutter ablöst.

EPILOG EINES DEUTSCHEN

I

O Deutschland! du bist schwer gestraft,
Zu frevelhafter Fron versklavt.
Der Siegerbüttel fasst dich an.
Es stöhnt dein Stolz.
Du stehst wie Sankt Sebastian
Am Marterholz.
Die Blödheit und die blinde Wut,
Die Rachsucht und die Raserei,
Sie krallt dein Herz, sie zapft dein Blut.
Wer steht dir bei?
Wenn andre Länder blühen,
Musst du in Drangsal und im Dreck
Dich für die Fremden mühen.
Die edlen Führer eilten weg.
Sie rissen, satt vom Heldenschmaus,
Nach Holland (und nach Schweden) aus.

II

Der Yankee bricht den Bann nicht.
Der Brite will, — und kann nicht.
O bau auf dich und sei nicht bang.
Du bist nicht reif zum letzten Gang.
Du wanderst weit — und lebst noch lang.
Der Feind, der plump die Plempe zieht,
Versehrt sich selbst mit jedem Streich,
Vom Rumpf der Welt sind wir ein Glied,
Uns rinnt das Blut — doch euch zugleich
Was sich an Krieg und Rachsucht regt,
Wird einst vom starken Arbeitsmann
Aus Erdenlanden weggefegt,
Der fängt das Reinemachen an.
Einst soll die Welt genesen
Durch seinen harten Besen.
Du, liebes Deutschland, sei nicht bang.
Dein Weh ist nur ein Übergang.
Du wanderst weit — und lebst noch lang.

Berlinica
Präsentiert

Meldet euch für unseren Newsletter bei berlinica.com an
und bleibt immer auf dem Laufenden

Alexander Roda Roda
Ein Frühling in Amerika
Broschur; 136 Seiten, 10,50 €
ISBN: 978-3-96026-050-9

Egon Erwin Kisch
Paradies Amerika
Gebunden; 320 Seiten, 16,00 €
ISBN: 978-3-96026-039-4

21 Autoren aus der Mauerstadt
Unser West-Berlin
Gebunden, 224 Seiten, 20,- €
ISBN: 978-3-96026-012-7

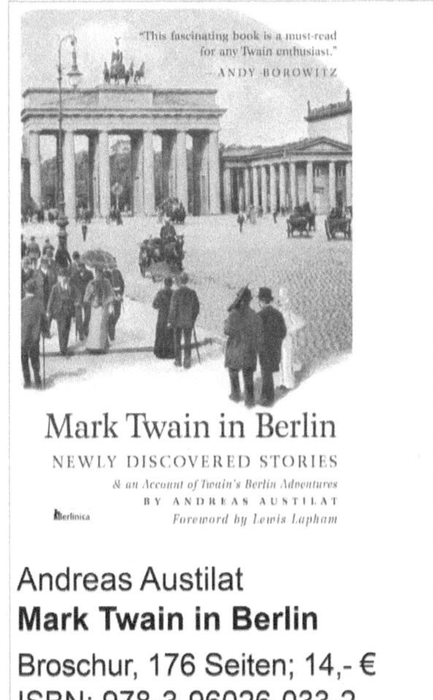

Andreas Austilat
Mark Twain in Berlin
Broschur, 176 Seiten; 14,- €
ISBN: 978-3-96026-033-2

Kurt Tucholsky
Berlin! Berlin!

Broschur, 208 Seiten; 14,00 €
ISBN: 978-3-96026-023-3

Kurt Tucholsky
Nachher

Gebunden, 96 Seiten; 12,00 €
ISBN: 978-3-96026-018-9

Harold Poor
Kurt Tucholsky

Broschur, 256 Seiten; 20,- €
ISBN: 978-3-96026-015-8

Kurt Tucholsky
Prayer After The Slaughter

Softcover, 116 Seiten; 10,50 €
ISBN: 978-3-96026-020-2

Tamara Ramsay
Wunderbare Fahrten und Abenteuer der Kleinen Dott
Gebunden, 272 Seiten;16,00 €
ISBN: 978-3-96026-036-3

Tamara Ramsay
Wunderbare Fahrten und Abenteuer der Kleinen Dott
Gebunden, 272 Seiten;16,00 €
ISBN: 978-3-96026-037-0

Tamara Ramsay
Wunderbare Fahrten und Abenteuer der Kleinen Dott
Gebunden, 272 Seiten;16,00 €
ISBN: 978-3-96026-038-7

Lothar Heinke
Flügel der Liebe
Broschur, 102 Seiten; 16,95 €
ISBN: 978-1-935902-16-4

Michael Brettin
Berlin 1945
Broschur, 218 Seiten, 20,00 €
ISBN: 978-3-96026-000-4

Michael Cramer
Die Berliner Mauer Heute
Broschur, 84 Seiten; 16,00 €
ISBN: 978-1-935902-11-9

Danny Patrick Rose
Donald Trump Witze
Broschur, 106 Seiten; 8,00 €
ISBN: 978-3-96026-011-0

Jean-Paul Barbe
Ein Unheiliger Schrieb
Softcover, 172 Seiten; 10,50 €
ISBN: 978-3-96026-007-3